フォールン・ブリッジ

橋渡し不可能な
分断社会を生きるために

御田寺 圭

徳間書店

フォールン・ブリッジ

橋渡し不可能な
分断社会を生きるために

私たちは、つながりながら分断する時代に生きている。

情報技術の発達とともに、だれもが手軽に「つながり」を得られる時代になった。

スマートフォンの画面を覗《のぞ》いてみれば、一人ひとりがいまなにをしていて、なにを考えているのかが、いままで以上に見えるようになった。遠く離れていても、時間をともにしていなくても、言葉を伝えることもできるようになった。

――だが、いつでもどこでも他者との「つながり」を感じられるはずの時代に、私たちは他者とつながれなくなった。

自分と他人との違うところばかりがよく見えるようになったせいで、私たちは納得できなくなった。お互いがもっとあいまいにしか見えていなかったころのほうが、よほどつながることにためらいを持たずにすんだ。

私たちは、つながりながら分断する時代に生きている。

†

つながりすぎるせいで、相容れない部分ばかりが見え、つながりながら訣別し、つながりながら切断する。褒《ほ》め合ったり喜び合ったりする言葉よりも、罵《ののし》り合い貶《おとし》め合う言葉が、画面越しに飛び交うようになる。

「分断を癒《いや》すべく、もっとお互いをよく知るべきだ」——だれかが訳知り顔で言う。そうではない。お互いの理解が足りないせいではなく、お互いのことをよく理解したから、私たちは分断されたのである。

お互いの姿がよく見えていくなかで、お互いの意見どころか利害すらも避けがたく相反していることが浮き彫りになり、私たちはいままで以上に同じ未来を目指すこともできなくなった。

†

本書に収められた18編は、私たちがいかにしてつながりながら分断されるようになったのか、その経緯と輪郭を辿《たど》る旅の記録である。この旅の記録は、私たちの間に横たわる分断を超える橋を架けることが、いかに困難であるかを否応なく示している。

私たちの時代には、分断されるべき理由ばかりが、そこかしこに転がっている。本書はその一部を拾い上げて記述しているにすぎない。

けれどもいつか、なるべくしてなった分断の時代を超えて、新しい橋を架ける方私たちは、つながりながら分断する時代に生きている。

法を見つける人も出てくるかもしれない。何人もの人が架けようと試みて成就しなかった橋を、いつかだれかが、向こう岸まで届けるかもしれない。

架からなかった橋は、なぜ架からなかったのか。

それを知ることができるなら、落ちた橋もきっと未来に架かるのだ。

2024年9月

御田寺　圭

目　次

第2章　世代間対立の時代

この世はでっかい老人ホーム

快適で、そして冷たい社会

奪い合いの時代がはじまる

第3章 若者と倫理

第4章　未来という名の侵入者

装丁／スズキ・クモ（ムシカゴグラフィクス）
写真／初沢亜利
協力／額田久徳（スタジオジブリ）
編集／加々見正史（徳間書店）

第1章 行き場なき者たち

ある受け子のメモ
助けたい姿をしていない弱者
絶望のろ過装置
揺るぎない民主主義のジレンマ
オルタナティブな暴力
いじめ問題にまつわる不都合な真実

ある受け子のメモ

特殊詐欺容疑の「お守り」

身支度に慌ただしく部屋を動き回っていたある日の朝、ＢＧＭ代わりにつけていたテレビから流れていたニュース映像を見たとき、喉がヒリヒリとするような渇きと、背中の火照《ほて》り、そしていやな汗を感じ、画面から目を離すことができなくなった。

私をひどく動揺させたのは、特殊詐欺の容疑で男が逮捕された事件を伝えるニュースだった。逮捕されたのは、騙《だま》した相手のもとに向かって実際に金品を受け取る役割を担う「受け子」の役を実行した男だった。

彼は地方から東京にやってきてホストクラブで働こうと考えていたようだが、不運なことに彼が東京を目指したそのころ新型コロナウイルスが大流行し、世の中の人流や経済活動が大きく停滞してしまった。彼が就職を希望した夜の街では働き口はなかなか見つけられなかった。彼は得られるはずだった仕事を失い、ほどなく「悪」の道に落ちていった。

……といっても、それだけなら「オレオレ詐欺の実行犯が逮捕された」というありふれた出来事を伝えるニュースにすぎない。こんなニュースにいちいち動揺する理由がない。しかしながら、もはや世間的にすっかりおなじみとなった犯罪のひとつを伝えるニュース映像のなかには、たったひとつだけ「異質なもの」がクローズアップされていた。それが私の目をくぎ付けにして、心をかき乱したのだ。

私の視線を独占した「異質なもの」――それは、犯人とされた男の所持品のなかにあった、小さなメモである。とてもではないが、そこそこの青年が書いたとは思えないような稚拙な文章と字形によって、とりとめもなく、乱雑に、次のように記されていた。

全てうまくいく・お金持ちになる・良い環境になる・きれいな家に住む・一生捕まらない・有名ホストになる・めんどくさい事も全てなくなる・であう人すべて良い人・東京に出るともっともっと有名、お金持ちになる・仲間が増える・TVに出れる・ぶりもてる・やりたい事やるだけ・めぐまれる・くそデカイ男になる（中身）・めぐまれる・ぶりイケメンになる・そんけいされる人間になる・あきらめんな・マイナス思考なくせ・全てプラス思考・すべて自分次第・服屋たてる・２ヶ月45万ためる　たまる・人生週間少年ジャンプ

（ＴＢＳ ＮＥＷＳ『特殊詐欺止めた近隣住人を暴行疑い「コロナでホストの仕事無かった」』２０２１年５月18日より引用　原文ママ　＊１）

これはきっと、ある種のお守り代わりに携帯していたものなのだろう。自分の将来像を言語化して、つねに自分を奮い立たせるための、いうなれば「おまじない」のようなものだ。近ごろの若者の間で流行する「引き寄せノート」（＊２）の紙片のようにも見えた。ちなみに「ぶり」とは、「とても」の意で用いられる中国地方

受け子を務めた容疑者のメモ。
（※元画像をベースに作成・加工）

の方言である。

まるで小学生の卒業文集に書かれているような——いや、それよりももっと幼稚な——意志表明が延々と繰り返されるメモ帳の断片。よく見てみると、漢字もまともに書けているものがほとんどない。彼はきっと大志を抱いて田舎から東京にやってきた。だが東京は、彼が期待したような夢や希望のある街ではなかった。彼はたちまち生活に窮した。食いつなぎ、生きていくために反社会的組織の末端の「駒」として活動を開始し、それからわずか数日で逮捕された。

「普通の社会」から疎外された友人

画面越しに映し出されたくしゃくしゃの紙片——それを見た瞬間、私はある旧友のことを思い出さずにはいられなかった。

私の旧友のなかには、この社会で「一人前の大人」になるための関門を突破することができずに疎外され、そして最終的にいわゆる「反社」とされる組織の末端構成員になってしまった者が幾人かいた。

そのなかのひとりが彼だった。

思い出してみると、彼はまともに文章の読み書きができなかった。驚かれるかもしれないが、嘘でも誇張でもなく、漢字はろくに書けずに誤りだらけで、中学卒業が間際にせまった時点でも拗音（＝小さい《ゃ》など）や促音（＝小さい《っ》）の用法があやふやだった。おまけに平仮名と片仮名の入り混じった文章を書いていた。

数学では簡単な四則演算にも手こずるし、ましてや文章題や図形の問題を解くことなど望むべくもなかった。彼は中学を卒業してすぐに就職したが、長続きせず仕事をクビになってしまった。何度か仕事を変えたようだが、そのたびあっという間にお払い箱にされた。

彼は何度目かの職を失い、とうとう社会での居場所や行き場を失った。家族とは不仲だったから頼れなかった。友人を頼って紹介してもらった仕事もすぐにふいにしてしまったので、仲間内でもたちまち悪評がひろがり、やがて周囲には助けてくれる人はいなくなった。

本人としては精いっぱいに生きている。それなのに、どうしても「普通の社会」から疎外されてしまうのだった。彼はだれにも顧《かえり》みられないところで、言い知れぬ生きづらさを抱えていたに違いない。やがて彼は社会に対して背を向け、反社会的な態度を顕在化させるようになった。

そこからはとても早かった。坂を一気に転がり落ちていくがごとく。

いわゆる「反社」とされるようなグループの使い走り――当然ながら正式なメンバーシップなど与えられてもいないであろう――最末端の「捨て駒」になったという。「～になったという」と伝聞調なのは、そのころには、これまでの人付き合いのほとんどが途絶していて連絡が取れなくなり、そのなかには私も含まれていたからだ。

彼がそういう道を辿っていったことは、なにもかもが終わったあとで知ったのだ。

「逸脱者」が「いい人」に見えた

少し前のことになるが、私が故郷の街に帰省していたときに、その旧友と偶然に再会することがあった。道すがら声をかけられたのだ。

私のなじみの喫茶店でアイスコーヒーを奢《おご》り、彼と話をした。その日はとても暑い日だった。日差しはなく鉛色の空、港から吹いてくるじめじめした熱風で肌着がベタつく、身体の内も外も不快な日だった。

彼は汗で少し湿った白いTシャツを着ていた。袖口から彼の二の腕に彫りこまれた刺青がのぞいていた。彼は私に、連絡が取れなくなってからの仔細を話してくれた。かたぎの仕事ができなくなってからほどなくして、暴力団に出入りするメンバーが束ねる反社会的グループの末端構成員として活動し、そして逮捕されて罪を問われ、刑務所に入っていたのだという。

服役して出所した彼は、案の定というべきか、うまく社会復帰することができず、この社会のだれの目からも「悪」として見える生き方を選ばざるを得ない人間になってしまっていた。地元には居づらいから、たまにしか帰っていないという。たまたま帰ったその日に私と再会したのだった。

「本当はこんな生き方はアカンのはわかってるんやけどもなあ」と自嘲《じちょう》する彼に対して、わかっているならどうしてそこから抜け出せないのかと率直に尋ねてみた。そこまで自覚しているのなら、自分を取り巻く悪い連中との関係をどうして断ち切れないのかと。

「うーん……でもまあ、みんないい人なんや」

彼はこともなげに言った。

「みんないい人で、仕事やって『ようやったな、お疲れさん』って褒めてくれたのがあの人らだけやったから。ある程度の恩があるんや。どこでもなんもできんかった俺のことを面倒見てくれたのもあの人らやったから」

「普通に就職したときは、もうホンマに毎日ボロクソに言われたのよ。毎日なんかの機材ぶっ壊して『このボケが、はよねや！』みたいな感じで怒鳴られるんやで？　もう死にたかったわ。仕事いうても、わけのわからん、めんどくさいことばっかりやった。そんなところでずっと仕事してたら、いまごろ俺はとっくに自殺してたと思うで。そんなややこしいことなんも言われんで、いっぱい金稼げて、まあやらかしたらやらかしたで、刑務所に行くのもしゃあないか、みたいな人生の方がマシやって思ったわけ」

「めんどくさい事も全てなくなる」
「であう人すべて良い人」

ニュースで映されたあのメモ帳の文言を見た瞬間に、あの日の喫茶店で旧友が私に向けた言葉や表情が克明にフラッシュバックした。

普通の仕事、普通の他人、普通の社会——普通と名の付いたあらゆる世界は、彼のことをまったく褒めてもくれなかったし、仲間にも入れてくれなかったし、むろん、信頼や評価など望むべくもなかった。

旧友にとって――そしておそらくは、あのニュース映像に映し出されたボロボロの紙片の持ち主だった青年にとっても――実社会からことごとく疎外されたのちに出会った逸脱者たちの方がずっと「いい人」に見えたのだろう。

多くの人にとって、なんの疑問もなく過ごせている普通の世界は、彼にとってはまるで普通でもなければやさしくもなかった。役割も、生きがいも、居場所も、行き先も、なにも与えなかった。彼は逃げた。逃げた先で生きていくしかなかった。たとえそこが「悪」と呼ばれる世界だったとしても。

選択肢のない人生の果てに

私は旧友とはそれ以来会っていない。地元の人づてにも、彼の近況の情報は一切入ってこなくなった。彼の消息はわからなくなった。だれも知らないどこかに行ってしまったのだ。

旧友は、世間のだれが見ても「悪」になった。「悪」としてしか生きられない人間になってしまった。

彼は悪だ。だが、彼はそれを選んだのだろうか。

彼が生来の「悪」だったから、普通の社会に容れられなかったのか。

普通の社会が彼を容れなかったから、彼は「悪」になったのか。

ただ懸命に生きているだけで、たくさんの選択肢や可能性などない、一本道の人生を精いっぱい切り抜けてきただけで、いつのまにか「社会にとって有害な存在」となってしまう人は世の中にいる。そういう道でなければ、そういう態度でなければ、生きられない人がいる。

彼には、冷たい飲み物に入っている氷まで食べ尽くす癖があった。

氷がたくさん入っているせいか液体が少ないアイスコーヒーを一気に啜《すす》ってグラスを空にしたあと、残った氷をボリボリとかじっていた。ふう、っと低い声を出しながらタバコの煙を上方に向かって吐いた。

——お前なら、俺の気持ちがわかるやろ？

彼はそう言った。

そう言いながら、彼ははにかんだような笑顔を浮かべたが、その声色からは、どこか「寂しい」と言っているようにも聞こえた。

細い煙をまっすぐに上らせるタバコを指に挟んだまま、彼は私をじっと見つめた。彼の視線から逃れるように、私も残ったアイスコーヒーをズルズルとわざとらしく音を立てて飲み干した。

——そうやな、わかるで。

と、私は答えた。

脚注

＊1 https://news.tbs.co.jp/newseye/tbs_newseye4270987.html（リンク切れ 以下、ＵＲＬは２０２４年９月10日時点）

＊2 **引き寄せノート：**なりたい自分の姿を具体的に言語化し、それをメモや付箋の形で携行してつねに確認できるようにしておくことで、目標達成のための行動を促進することを狙った、いわゆる「ライフハック」のひとつ。

助けたい姿をしていない弱者

人物審査が課せられる「無給」の仕事

大津市仰木の里東の自宅で保護司でレストラン経営、新庄博志さん（60）の遺体が見つかった事件で、滋賀県警大津北署捜査本部は8日、殺人容疑で、同市仰木の里の無職、飯塚《いいつか》紘平容疑者（35）を逮捕した。飯塚容疑者は平成30年に強盗事件を起こし、保護観察付きの有罪判決を受けて保護観察中だった。新庄さんが担当の保護司で、逆恨みの可能性もあるとみて捜査本部が犯行動機を調べる。

法務省によると、保護司が保護観察対象者だった人物に殺害される事件は昭和39年に起きて以降、確認されていない。

（産経新聞『担当保護司殺害疑いで保護観察中の35歳男を逮捕、滋賀県警 逆恨みの可能性』２０２４年6月8日より引用 ＊1）

保護観察付の有罪判決を受けて保護観察中だった人物が、自身を担当した保護司を殺害した事件が世間を震撼させた。

保護司とは更生保護法にもとづき法務大臣からの委嘱を受ける仕事で、犯罪者を保護・観察しながら更生や社会復帰の支援を総合的に行うことがその役割となっている。非常勤の国家公務員という立場であり、原則としてボランティアで行われる仕事である。その具体的な業務は多岐にわたり、日常的な悩みの相談から就職先の仲介まで幅広い。

まったくもって無給の仕事であり、なおかつ任命にはそれなりの「人物審査」が課せられることから、保護司をやる人というのは地域でもそれなりに人望が厚く、また人格的にもすぐれていると定評のある、公共心に富む人物であることが多い。

「かわいそう」の上澄みの底へと潜る

メディアなどを通じて世間に映し出される「弱者」の多くは、たとえば保護動物とか、戦争難民の子どもたちとか、いずれにしても往々にしてわかりやすく、だれの目から見てもはっきりと「かわいそう」な姿をしている。

……しかしそれは弱者と呼ばれるカテゴリのなかでは、きわめて少数の、いうなれば上澄みであると言わざるを得ない。

上澄みよりも下に大勢いるその他の弱者は、「かわいそう」な姿をしていない。その姿を見たときに周囲の人びとに「助けてあげたい」という素朴な同情心や慈悲心が喚起されない。いや、喚起されないどころの話ではない。もっといえば「こんな奴は野垂《のた》れ死にすればいい」とか「自業自得だ」と、むしろ冷たく突き放され疎外されるような姿や態度をしていることが多い。

強盗や傷害といった犯罪で刑事罰を受けた者などはその典型だ。世の中の人びとはそのような凶悪事件の加害者たちを見てかわいそうとは一片たりとも思わないだろうし、ましてや自分がそのような人とあえてお近づきになってかれらの再起をしかも無償で支えようなどというのは、それこそ考えるだけでもおぞましいのではないだろうか。たとえ有償であろうがやりたいとは思わないだろう。

保護司はまさにそうした「助けたい姿をしていない弱者」とあえて向き合う仕事だ。

犯罪加害者の社会復帰はきわめて難しく、再就職どころか（頼れる人がいなくなるため）住居すらまともに決められないこともある。こうした疎外や差別が犯罪者の再犯リスクを高めてしまう。その点で保護司というのはきわめて重要で、社会的に意義のある尊い仕事をしている。

「ほらな、助けないほうが正解だったんだよ」

……だが、世の中のだれもがあえて助けようとは思わない、むしろ自分から遠ざけようとする「助けたくない姿をしている弱者」にあえて手を差し伸べようとしたまさにその人が、その相手から恨みを買って傷つけられたり、最悪の場合は命を奪われたりする事件がしばしば起こってしまう。

それは今回のケースだけではない。最近だけでもいくつかそうした事件はあった。２０２２年の「埼玉県ふじみ野市立てこもり事件」（＊２）、２０２１年の「大阪北新地雑居ビル放火殺人事件」（＊３）、２０１９年の「渋谷区児童養護施設長刺殺事件」（＊４）などがその例だ。かれらはみな、就いている職業は違えども、世間から「助けたい」と思ってもらえないタイプの弱者に寄り添う営みのさなか、まさに寄り添っていたその相手に殺された。

世間はこうした凄惨な事件に胸を痛めつつも、あらためて納得する。「ほらな、やっぱり、あんな奴らを助けようとするのがそもそもの間違いだったんだ」――と。

私たち一人ひとりにとっては「助けたい姿をしていない弱者」を遠ざけて疎外したからといって、それでなんのリスクもない。リスクもないどころか、下手に関わり合いを持ってしまう方がリスクだと認識させられる事件や事故ばかりが伝えられているのだから、むしろ合理的な行動だとすらいえる。だれだって自分の生活、自分の人生が大切なのだから。

世の中のだれからも拒絶された人は、社会的にも経済的にも人間関係的にも孤立していく。そうして窮した果てに、失うものを持たず、ただ復讐心だけをたぎらせた「無敵の人」になろうとも、そうなったところで私たちがその人から実害を受ける可能性はきわめて低い。世間から疎外され拒絶されつくした人の復讐のターゲットになることより、交通事故に遭う方がよほど私たちにとって確率が高い。

「助けたい姿をしていない弱者」を遠ざけたくなるのは自然な感情だろう。自分たちにとってはお近づきになる方がリスクやデメリットが大きいのだから、だれだってそうする。悪意や害意ではない。人間の良心、あるいは素朴な人情というものだ。

けれども、人びとのそういう「小さな拒絶」が積もり積もって大きな歪《ひず》みになり、あえて拒絶せず向き合うことを選んだ人に大きなリスクやデメリットを背負わせていることも事実だ。私たちは、そのことを忘れてはならないだろう。

私たちは、自分たちの平和で安全で快適で清潔で穏やかな暮らしを守ろうとするとき、必ずだれかを疎外している。疎外された人は、だからといって世界から消えてなくなるわけではない。私たちの視界に入らなくなっただけで、それでもどこかで生きている。苦しみながら。

私たちが疎外した人すべてが、だからといって世間や他者に恨みを募らせ、自暴自棄になって凶行に奔《はし》る「無敵の人」になるわけではないのは言うまでもない。しかしながら「わかりやすい弱者」には明確な同情を示して自らの思慮深さや慈悲深さをアピールしつつ、「助けたい姿をしていない弱者」には掌を返して冷酷に疎外する私たちの合理的な態度は、この世のどこかに「復讐者」を生み出す営みに加担していることは否定しようもない。一人ひとりが「復讐者」の誕生に加担している度合いは目に見えないほど小さいかもしれないが、それでもだ。

小さな「疎外」と小さな「包摂」

何度目かの逮捕で、2度目の保護観察中だった。18歳の頃、変わりたいとも思っていなかった。

新しい保護司には、うそばかりついた。

それでも、自分のような人間も否定しない人だった。いろいろな言葉をくれた。

その人は今年5月、殺害された。

（朝日新聞『「もう悪さ、すんなよ」僕を変えた手紙　保護司との9年、突然の別れ』２０２４年6月22日より引用＊5）

こうした凄惨なニュースが起きると、世の中の人は異口同音にこう語る。「このような事件が二度と起きないよう、私たちも考えなければ」と。

しかしながら、率直に認めなければならないだろう。私たちは「復讐者」を間接的に世に生み出す行為と引き換えに、平穏無事で快適な日常生活を享受していると。極言すれば、私たちの代わりに「助けたい姿をしていない弱者」に手を差し伸べ、寄り添って生きることを選んだ人に負担を丸投げし、ときに最悪の形で〝しわ寄せ〟が行くようなシステムを、私たち一人ひとりがつくっていて、それを支持している。

自分たちのエゴの代償を、顔も名前も知らなかっただれかがこれ以上ないくらいにグロテスクな形で支払わされているのを、私たちは画面越しに突き付けられているのだ。

私はしばしば犯罪被害者やその遺族を支援するネットワークに寄付しているが、その一方で犯罪加害者の社会復帰プログラムにも寄付している。あるいは、非行少年の再教育やリスキリングも支持・支援している。元とはいえ加害者側を応援するなど度し難い行為だと、ともすれば社会的な非難を受けてしまうかもしれないが、私は今後もやめるつもりはない。

なぜならそれは、どこかで私たちの「快適な暮らし」の代償を一身に受け、ときに傷つけられている人のために、自分がせめて行える罪滅ぼしだと思っているからだ。もちろん、多少のお金を出したからといって、それで帳消しになるようなものではないことは十分わかっている。それだけで自分のエゴがなかったことになるわけではない。

しかしそれでも、私たちが日々行使する目に見えないくらい「小さな疎外」が積もり積もって大きな歪みになるというならば、その逆もありえるはずだ。
私たち一人ひとりが「小さな包摂」のために力を尽くせば、問題は完全になくなるとは言わないまでも、やさしさを分け隔てなく配ろうとしたがために悲惨な結末を迎えてしまう人を減らせるのではないだろうか。

脚注

＊1 https://www.sankei.com/article/20240608-6GVLASM6IVJ6BMKP7JPVS2GEYA/（リンク切れ）

＊2 埼玉県ふじみ野市立てこもり事件：２０２２年1月27日、埼玉県ふじみ野市の住宅で発生した立てこもり事件。母親（92＝当時）が死亡したことで訪問診療医を逆恨みしていた渡邊宏被告（66＝当時）は、担当医師ほか6名を「線香を上げてほしい」と自宅に呼び出し、散弾銃と催涙スプレーで襲撃し、1人の医師（44＝当時）を人質に11時間立てこもった。その医師は胸を撃たれ死亡。埼玉県警特殊戦術班は閃光弾を使って渡邊被告を逮捕。２０２３年12月12日、さいたま地裁は渡邊被告に無期懲役を言い渡した。

＊3 大阪北新地雑居ビル放火殺人事件：２０２１年12月17日、大阪市の北新地の雑居ビルに入る

心療内科「西梅田こころとからだのクリニック」内で発生した放火殺人事件。同院の患者だった谷本盛雄容疑者（61＝当時）は院内の入口と非常口付近にガソリンを撒き、逃げ道をふさぐようにして火をつけた。院長、スタッフ、患者の26人が死亡。谷本容疑者は意識が回復しないまま事件から約2週間後に死亡。谷本容疑者は以前にも殺人未遂容疑で実刑判決を受けた過去があった。離婚、失業など孤立無援の環境に加え、預貯金もほとんどない貧困状態で、不眠に悩み同院にかかっていた。発生から3か月後、大阪地検は容疑者死亡で不起訴として捜査は終結。

＊4 **渋谷区児童養護施設長刺殺事件：**2019年2月25日、東京都渋谷区の児童養護施設「若草寮」施設長の男性（46＝当時）が元入所者に首や胸など十数か所を刺され、殺害された事件。犯行を行ったA（22＝当時）は「施設に恨みがあった。施設関係者なら誰でもよかった」と犯行動機を語った。心神喪失を理由に不起訴となっている。施設長の男性は20年以上にわたって養護施設に勤務。Aの退所後も4年にもわたって連絡を取り続けていた。

＊5 https://digital.asahi.com/articles/ASS6P21T5S6PPTJB008M.html

絶望のろ過装置

「弱者の叛乱」は起こるのか？

「弱者の苦境や疎外を顧みない社会は、『無敵の人』の大発生という形でその代償を支払うことになる」――という、ネットやSNSでよく言われる説がある。かつては「弱者」ではなく「ロスジェネ」という特定の世代を示すことばが主語として語られることもあった。

社会的・経済的・人間関係的に疎外され、失うものがなにもない人が増えれば、社会や大衆に対して「復讐」を企てるようになり、秩序が乱れ治安が劇的に悪化する――そうした説は、たしかに理屈としては非常に納得感があるし、因果の説明も妥当性が高いように見える。

だが、あくまで個人的な見解を述べれば、私はこうした多勢の意見に反して「このようなシナリオは起こらないか、あるいは『無敵の人』がいまより多く現れるとしても全体として見れば依然として少数であり、かれらが社会の秩序や治安を覆すほどの一大勢力にはなりえない」と考えている。

なぜなら現代社会では「失うものが完全になにもない人」に到達するための難度がそもそも高すぎるからだ。

絶望は「ろ過」される

たとえば経済的な疎外といっても、たしかに世の中は物価高で全社会的に値上がり傾向にあるとはいえ、この国では依然として安価で美味しくて衛生的でお腹いっぱいになれる食べ物が、住んでいる場所のすぐ近くで手に入れられる。そのため、経済的な困窮それ自体を骨身にこたえる形で体感する人は相当に絞られてしまう。

大手牛丼チェーン店である「吉野家」の牛丼は並盛が税込みで498円だ。並盛といってもかなりのボリュームがあり、500円玉があればそれだけでも「美味しい」と感じられる食べ物にお腹いっぱいにありつくことができる。水もお茶も店内では無料である。こんな状況が世の中で維持されているかぎり「食うに困るほど経済的に追い詰められる」というギリギリの状況にはなかなか直面しない。

美味しくお腹を満たしてくれるものが500円でそれなりに入手できてしまう店が全国のいたるところに維持されている社会で、それでも復讐の炎を少しも衰えさせずに保てる人は少ない。空腹のときには「こんな社会マジでぶっ壊してやる！」とただならぬ殺気を漂わせている人も、牛丼を食べてお腹いっぱいになってしまえば「ふう。まあ今日はお腹いっぱいで動きたくないし、難しいことはまた今度考えよう」となってしまうこと請け合いだ。

社会的疎外も、これだけSNSをはじめとするコミュニケーション技術が発展してしまえばリアルな実感としては味わいにくい。自分の所属している地域共同体

（とくに田舎）から完全に疎外・迫害された者が自暴自棄になって無差別に人を攻撃する事件は現代でもまれに発生しているが、こうした事件が発生する土壌は通信技術の発展によって確実に失われている。またそもそもそういう事件の温床として指摘されがちな「陰湿なムラ的共同体」は向こう十数年における存続すら危ぶまれている状況だ。

むろん田舎にかぎらず都市生活者でも孤立や疎外によって「無敵化」する人はたしかにいる。しかしそういう人が世の中で多勢になることは現実的に考えにくい。たいていの人は完全なる孤立状態の末に「無敵化」する前に、ＳＮＳでだれかとつながったり、コミュニケーションをとることで知らず知らずのうちに〝歯止め〟がかかってしまうからだ。

個人的な人間関係からの疎外、なかでも最大の問題である性的な充足感からの疎外は、これだけポルノやエンタメが発展した社会状況においては、これもまた深刻化しにくい。たとえばアダルト映像商品配信・販売の大手「ＦＡＮＺＡ」では、１

000円どころか数百円でAVが配信されていることもある。通常であればそれを得るまでには濃密かつ重厚なプロセスを経ることが求められる「性的報酬」が、わずか数百円を支払うだけで擬似的とはいえ即時に得ることができてしまう。

あるいは最近よくいわれる「推し活」もそうだろう。アイドルやタレントに対して擬似的な恋愛関係を持つことで、当人は性的な疎外感を自分の切実な問題としては遠ざけることができてしまう。もちろんそのような恋愛感情が成就することはないので、傍《はた》から見れば「茶番」もっといえば「搾取」に見えるかもしれないが、しかし推し活は当事者の主観としては「自分の愛情を受け取ってくれている人がいる」という実感をもたらしており、その人を「自分の好意や愛情を受け取り拒否される」という深刻な疎外（存在価値の否定）から救う効果を持っている。

このように、ざっと列挙しただけでもこの国には、ある人が完膚なきまでの絶望に堕ちてしまうことを防ぐ、いわば絶望のろ過装置が多数設けられている。幾重にも設けられたこのろ過装置のフィルタをすべて突破して、実際に社会へと暴力的な復讐を実行する「無敵の人」になる人はゼロではないが、必然的にきわめて少数に厳選される。このような仕組みが、この社会にはもうすでにきわめて高精度でできあがってしまっている。

それは社会にとっての「安全弁」だが……

「無敵の人」すなわち「完全な絶望に至り、逸脱と破壊の衝動を抑えられなくなった人」を、その前段階で文字どおり網にかけてしまう機構がこの社会には幾重にも設定されている。それはこの社会にとって治安の向上と維持に多大な貢献を果たしているといえる。私たちが日々享受している、平和で安全で快適で衛生的で自由な暮らしを実現した最大の立役者といっても過言ではない。

しかしこれは同時に、弱者が日々味わわされている孤立感や疎外感や絶望感を透明化してしまい、また世間の人びとにそうした問題への注目や関心を低下させてしまう側面を持っていることは否めない。絶望のろ過装置は、現状たしかに存在する社会問題に対する人びとの関心や問題意識を主観的にも客観的にも薄れさせてしまい、それが結果として「停滞する現状追認」をもたらしているということでもある。

現代社会の「弱者」の背景は複合的だ。かれらは経済的にも社会的にも文化的にも人間関係的（性的）にも、複雑に入り組んだ疎外にからめとられ、身動きが取れなくなっている。

だが、このような「弱者」の複雑な問題は、たとえば５００円程度でお腹いっぱいになれたり、５００円程度でＡＶがよりどり見取りだったり、５００円程度で推しのアイドルやＶＴｕｂｅｒに投げ銭を送れたりできてしまう状況下では、質的にも量的にも一般大衆にも見える形で浮上することが難しくなるし、かりにそれが見えたところで「本人は苦しそうに見えない（そこそこ楽しそうに暮らしているように見えるし）実際には大した問題ではないのでは？」と矮小化《わいしょうか》されてしまう。それどころか弱者性を帯びた当事者でさえ「自分は社会から深刻に疎外されている」という実感を得にくくなってしまう。

もちろん「弱者」のなかには、この社会に何層にも設けられたろ過フィルタを突破して「無敵の人」となり果てる人は今後かならず一定数は現れるだろう。だがそうだからといって「私たちは彼らを差別したことで深刻な代償を支払うことになったのだ……」と大衆に真摯《しんし》な反省を促すほどのスケールにはならない。「無敵の人」に至る前に、多くの「弱者」がゆるい停滞のなかに〝ろ過〟されてしまうからだ。すべてを破壊したくなるほどの疎外には至らず、ほどほどの疎外で満足してしまうのだ。

ろ過されずに残った高純度の弱者だけが無敵化する。それでは世の中に、弱者を疎外し差別し排除することのツケを痛烈に味わわせるような恐怖やインパクトを持続的に与えることは難しい。「おかしな奴が世間に逆恨みを募らせて馬鹿なことをしでかした」とでも解釈されて数日後には忘却される。せいぜいそのくらいの散発的で孤発的な事件として処理されてしまうだろう。

大勢の「弱者」がこの社会に深く絶望して「無敵化」し、世の中を根本から覆す暴力的な不安勢力となるシナリオは、吉野家やＦＡＮＺＡやホロライブが消滅しないかぎり現実性に乏しい。逆にいえばこうした「福祉的機能を持つ民間企業のサービス」が消滅してしまえば、人びとの「無敵化」は加速する。

絶望のろ過装置によって「失うものが本当に完全になにもない人」になりにくい世の中は、それはそれで多くの人を絶望の淵に堕ちていくのを未然に防いでいるとポジティブに評価することはできよう。しかしそれは視方を変えれば「奈落の淵に堕ちもしないが、しかし世間の陽の目を見ることのない人」に対して、ただひたすら鬱屈とした停滞を味わわせる残酷な表情を併せ持っている。

弱者に対して完全な絶望に呑まれないよう、適度に不満や不遇をガス抜きしつつ、けれど根本的な解決には至らず、ほどほどの絶望感や虚無感のなかで停滞させ、世間に歯向かわず、人前に現れず、迷惑をかけず、騒ぎを起こさず、ひっそりと生きて死ぬことを強《し》いる――これはそんなシステムだということだ。

揺るぎない民主主義のジレンマ

平然と散髪した男

統一地方選を直前に控えた2023年4月15日。

岸田文雄首相（当時）が和歌山市内の自民党候補者の応援のため歴訪していたさい、聴衆のなかから飛び出してきた不審な男によって爆発物とみられる物体が投げ込まれる襲撃事件が発生した。岸田首相は幸いにも事なきを得たが、世の中は一時騒然となっていた。

2022年に発生した安倍晋三元首相銃撃事件（＊1）の模倣犯とされる事件だったが、しかし岸田首相は、驚くべきことに命を狙われた直後であるというのに少しも動じるところはなかった。事件後も予定をキャンセルすることなく候補者の応援演説を行ってから東京に戻った。それどころか、東京に戻ったその日の夕方には毎月頻繁に利用しているなじみの理髪店で散髪をするなど、日々のルーチンを崩すことなく一日を終えたのだった。


いま私たちは、私たちの国にとって民主主義にとって最も大切である選挙を行っています。この国の主役である皆さん１人１人の思いをしっかり示して頂かなければなりません。

その思いで私は街頭演説の場に立ち続けます。

この大切な選挙を、ぜひ国民の皆さんと力を合わせて、最後までやり通す覚悟です。

（襲撃事件直後の岸田首相のツイート＝Ｔｗｉｔｔｅｒ公式アカウントより引用　＊２）


民主主義のプロセスを破壊しかねない暴力行為への毅然とした対応は、民主主義によって選ばれ、またこれを守る者として大きく称賛されていた。実際のところ、事件直後に行われた世論調査では岸田首相の支持率は大幅に回復した。

「毅然としたリーダー」に絶望感を覚える人びと

安倍元首相銃撃事件の発生当時にも「テロは許されるべきではないが」と前置きしながら、テロ行為の背景にも一定の意義を見出そうとする論調に対して、改めて大衆からは非難の論調が強まったことも理解できる。「テロリストやテロ行為の背景に意義や共感を見出す人びとがいるからこそ、今回のような模倣犯を生み出したのだ」――と。

しかしながら、今回の岸田氏の対応に称賛し、頼もしさや希望を感じる人がいる一方で、このような光景に耐えがたいほどの絶望を感じる人が一定数存在していることもまた事実なのだろう。

安倍元首相が暗殺されたときも、それによって自民党の体制が混乱してひっくり返ることはなかった、まして日本の民主主義システムになんら動揺が起こることもなく、選挙はつつがなく実施され、例年どおり自民党が大勝するシナリオも変わることはなかった。

お昼に岸田首相の襲撃事件のニュース速報を見てざわついていたＳＮＳでも、数日たってしまえばその話題はすっかり忘れられ「月曜日からの仕事が憂鬱だ」という、いつもの日常が戻ってきてしまっていた。

……つまりなにが言いたいかというと、「テロリズム」という民主主義や自由主義社会に対する決死の抗議行動でさえも、もはや現代の日本社会ではほとんど相手にされないどころか、むしろ民主主義や自由主義の「すばらしさ」を改めて広く再確認するためのダシになってしまう状況が否定しがたく完成しているということだ。

それはまさしく、資本主義のカウンターパートやオルタナティブになることを目指した共産主義や社会主義が、結局は資本主義を打倒することはできなかったばかりか、資本主義の優位性や合理性を間接的に立証したり、あるいはその欠点を修正してさらに盤石にするための補完要員のように扱われてしまったりしたのと相似形だ。現代の民主主義はその抗議手段さえも呑み込んでしまったのだ。

民主主義が、新たな対抗勢力が登場するたび、最終的にはそのすばらしさを再確認する形で勝利する――何度も繰り返されてきたこの流れは、民主主義を是とする私たちには一見してよいことのように思える。

しかしながら、究極的な最終手段である暴力でさえも、それがなんらかの意義ある社会的メッセージとして人びとに受け取られる側面はほとんどなく「暴力はよくない。やっぱり民主主義制度はすばらしいね！」と、さらに民主主義への信頼を篤《あつ》くする結果となってしまう状況は、現代社会に耐えがたいほどの不満を抱え、また多数派の声が圧倒的に優越する民主主義システムではどうしようもない人の立場を想像してみれば絶望的な光景といえるだろう。

「民主主義の揺るぎなさ」が牙をむくとき

現代社会のテロリズムがいまのところ大衆社会の主流な意見や価値観とは相容れない主義主張や目的意識によって行われているからこそ、人びとは「民主主義の揺るぎなさ」や「政治指導者の毅然とした態度」に対して素朴に称賛を送ることができる。

だがこのような「揺るぎない民主主義」は、民主主義的プロセスでは解決しがたい問題が発生し、それによる不満が大衆に渦巻いているときには、今度は自分たちにそれが大きな障壁となって跳ね返ってくる。

安倍元首相や岸田首相に対するテロ行為を称賛する人びとの世間ずれした言動や、テロリズムを「テロは許されないが」などと前置きしながら実質的には無邪気に肯定して歓喜する人びとに、一般大衆が心理的嫌悪感を抱くのはわかる。しかしながら勢い余って「暴力はいかなる場合においても絶対に許されない」という大見得を切ってしまうのは、それはそれで支配者にとっては好都合になってしまうジレンマがあることも留意しなければならない。

現代社会において「暴力は絶対に許されない」という合意は置かれている。私も個人的な感情としては同意する向きもある。しかしこれは大衆社会にとって現状変更の可能性を小さくしてしまうことを共起することとコインの表裏である。民主主義プロセスではどうしても解決しがたい問題に直面したときに、暴力をいかなる理由があろうとも完全否定する社会はそれを改善する手立てを失ってしまうに等しいからだ。

たとえば、年間100兆円超という天文学的な規模となって現役世代に重くのしかかっている社会保障費（高齢者福祉）の持続可能性を是正するための議論は、現状の民主主義プロセスではほとんど進めることができない。ご存じのとおり、この国の人口動態がすでに高齢者寄りに傾いており、よって平均的な「民意」も高齢者の利益を最大化する方向でしか形成され得ないからだ。そしてこの負担は少子化が加速することで今後ますます現役世代に重くのしかかっていく。

もちろん、個人個人では現役世代や将来世代への投資の重要性を考えている政治家はいる。だが、そうした人も選挙に勝たなければお話にならないので、個人的な意見はどうあれ結果的には高齢者寄りのスタンスを取らなければならないし、また政党政治である以上ある程度の党議拘束も発生する。

銃弾でも爆弾でもビクともしない、文字どおり鉄壁で不動の民主主義システムでは、鉄壁で不動であるからこそ、高齢化社会において「これから社会に出る若者世代、あるいはこれからこの国に生まれいずる将来世代のために、社会を持続可能なものにしよう（そのためには、申し訳ないが年長世代の皆さんにはある程度泣きを見てもらいたい）」という未来志向型（自己犠牲型）の合意形成が難しくなっている。

野蛮な欧米人と、よい子の私たち

ご存じのとおり、欧米の先進社会ではしばしば暴動が起こる。

かれらは間違いなく民主主義を支持し擁護する人びとだが、しかし民主主義的なプロセスでなにか不都合なことが決まりそうなら、国のいたるところで暴動を起こすことにもためらいを持たない。そうして民主主義プロセスによって決定された事項をひっくり返そうとする。私たちからすれば、その態度は野蛮で度し難いものに見える。

……しかし、そうではないのだ。

かれらは民主主義者であると同時に、いやそれ以上に自由主義者であるという自認があるからこそ、そんなふるまいができるのだ。かれらのなかでは、民主主義を愛しながら、しかし民主主義に対して殴りかかり火焔瓶を投げたりする行為は無矛盾に両立するのである。

かれら欧米人は間違いなく民主主義を擁護するが、それ以上に自由主義を愛している「自由民主主義」の民なのである。

そもそも自由主義と民主主義は実際はそこまで好相性ではない。というか、しばしば対立する関係である。自由主義的には肯定されるべき価値観や生き方を、民主主義的なプロセスによって制限・規制することはよくあることだ。逆に民主主義的な決定を自由主義の原理原則で否定したり拒絶したりする個人や運動もしばしば現れる（その最前線が表現の自由だ）。自由主義と民主主義の同居関係をつくり、両者がほどよいバランスでにらみあい、牽制しあっているからこそ、よりよい社会をつくれるとかれらは信じているのだ。

自由主義と民主主義のにらみあい——平時においてそれは「まとまりに欠く」

「ダブルスタンダード」のように見えてしまうこともある。しかし「変わるべきときにはコロッと変わる」ことも可能にする。あれだけ大騒ぎしていたコロナ騒動で、欧米人が真っ先に「もう共生していく方向で行こう」と言い出したのは偶然ではない。

だが、私たちは違う。日本社会は欧米社会のような自由主義と民主主義の緊張的な同居関係を持っていない。その代わりに私たちは民主主義と権威主義が二人三脚で同居する社会を構築している。これがいわゆる日本型民主主義である。

権威主義が同居して民主主義を承認する社会では、民主主義的プロセスで決定したことはすぐさま政治的・社会的権威が付与され絶対的な規範になるし、たとえこれに不満があったとしても欧米人よろしく暴力的に異議申し立てしようとすると「絶対に許されない」「話を聞いてはならない」「テロリストだ」となって、社会から徹底的に排除される。

日本における民主主義が、いかなる大衆の暴力に対しても一切応じないし応じるべきでないとする権威主義的な態度が支持されたのも、仕方ない部分はあるだろう。というのも、欧米と違ってロシアや中国や北朝鮮といった非民主主義・非自由主義の大国が近接している戦後の日本にとっては「民主主義の対抗勢力」に対して屈さずに毅然とした態度をとることは、比喩でなく存亡にかかわる問題だったからだ。

しかしながら、「年間１００兆円を超える（そして今後もますますその額を増やす）高齢者福祉をどうするか」という今後の政治的・社会的難題を解決するときには、ロシアや中国の敵対的な政治思想の侵入を防いでくれていた頼もしい盾に見えていたものが、今度は恐ろしいほど高くて分厚い「障壁」として私たちの前に立ちはだかることを覚悟しなければならないだろう。

揺るぎない民主主義のジレンマ

他方で私たちはいま、おそらく先進国のなかではもっとも暴力や騒乱から縁遠く平和な民主主義社会を生きている。昭和の時代はともかく、令和の時代には街なかでの暴動などまずお目にかからなくなった。

それはたしかに穏やかな暮らしを脅《おびや》かされないという点では素晴らしいことではあるものの、しかし支配者と大衆の間に政治社会的な緊張関係はなく、政治的・社会的合意として過去に決まってしまったものは、本当は時代や情勢の変化に応じて変えなくてはならないのに、変更することがきわめて難しいというデメリットと鏡合わせになっている。

首相への直接的な襲撃が白昼堂々行われても、なにも世の中の光景に変化が起きないほど揺るがない日常を私たちが送っていること——それを今回の一件で改めて確信した。私たちはこの国にこれほど強固な冗長性が確立していることに安堵しているし、実際に多大な恩恵を得ている部分もある。

しかし同時に「もし自分たち大衆にとって、変えなければならない、しかし現行の民主主義の手続きでは変えようがない重大な問題にいつか直面したら？」というリスクの発生を考えたとき、私たちに多大な恩恵を与えてくれていた揺るがない日常は表情を一変させ、私たちをがんじがらめにして閉塞させる。

多数派に支持された意思決定がいつだって正解である保証はない。というより、多数派の意思決定は頻繁に誤っている。多数決で決まったことがいつだって最善で最良の道なら、だれも苦労はしない。

多数派が大きく道を誤った選択をしたとき、あるいは誤った道を選んでいるのが明白であるにもかかわらず進路変更を拒んでしまったとき、私たちが愛してやまない「強固で揺るぎない民主主義」のなかで、私たちはいったいどのように活路を見出すべきだろうか。

脚注

*1 **安倍晋三元首相銃撃事件：**2022年7月8日、奈良市の大和西大寺駅前で、参議院選挙の応援演説をしていた安倍元首相が銃撃されて死亡した事件。改造銃を発砲した山上徹也被告（41＝当時）が現行犯逮捕され、殺人や銃刀法違反などの罪で起訴。山上被告は、自身が旧統一教会の宗教二世で実母が教団に対して多額の献金をしたことで家庭が崩壊したことから、教団への恨みを募らせており、教団トップを狙ったがうまくいかず、教団と関係が深いと感じていた安倍元首相を狙ったと動機を語った。初公判は2025年以降の予定（2024年8月現在）。

*2 https://twitter.com/kishida230/status/1647100899804999681

オルタナティブな暴力

許されない暴力／許される暴力

ハリウッド映画で数々のヒット作に出演し、世界的にその名が知られた俳優であるウィル・スミス氏が、２０２２年3月に行われたアカデミー賞授賞式にて、プレゼンターの――スミス氏の妻の持病をあげつらって侮辱する内容の――下品なジョークに激昂し、壇上に乱入してビンタを見舞った出来事があった（＊1）。

突然の出来事にどよめく会場の様子は生中継で世界中に放送され、スミス氏に対する激しい批判を呼んだ。騒ぎは次第に大きくなり、氏が主催団体を退会することになり、また授賞式には今後10年出席できなくなるペナルティも科せられた。さらには、一時期には映画界を事実上追放されるのではないかという憶測が出るまで事態は発展してしまった。

たった一発の平手打ちが、氏の俳優としての人生を大きく変えた。一連の流れについて「いくらなんでもビンタ一発で処分が重すぎだ」と感じてしまう人もいるかもしれない。日本人からすればいささか過剰反応にも見えるが、アメリカでは「暴力は許されない」という社会的合意は根強い。ご存じのとおりアメリカは「銃社会」と呼ばれるほど銃火器が市民社会に普及しており、発砲事件も日常茶飯事である。暴力が人びとにとって日本に比べればずっと身近にある脅威だからこそ「暴力は許されない」という建前を公の場では固く守る必要がある。世の中に暴力がありふれているからこそ、暴力行為への制裁は厳しくなる。

しかしながら、この騒動を遠い日本から傍観していた人びとのなかにはこのような処分に対する違和感を持つ者も少なくはなかった。「人を殴ることは問題だが、ウィル・スミス氏とその家族に対する暴言は許されるのか？　人を嘲《あざけ》ることだって暴力と同じくらいに悪いはずなのに、どうしてこちらはお咎《とが》めなしになってしまうのか？」——と。

日本を含む先進社会の「暴力」に対する処罰には非対称性がある。人を殴ったりする物理的な暴力については厳しく取り締まられ、社会的制裁が設けられている。しかし一方で「知力による暴力」は往々にして見逃されている。私たちは人が他人を殴打したり刺傷したりすることに対しては敏感に反応するが、目に見えない暴力についてはそのかぎりではない。

ここでいう「知力による暴力」はイコール「言葉の暴力」ではない。どちらかといえば、「言葉の暴力」は、この「知力による暴力」というカテゴリのなかにあるたくさんの要素のうちのひとつでしかない。私がいう「知力による暴力」とは、たとえばなんらかの攻撃的な言動があったとして、それを「ハラスメント」や「いじめ」として認定させたり、あるいはさせなかったりすることができる能力のことだ。

自分が他人に向けた攻撃的な言動は「いじめではない」「暴力ではない」「誹謗中

傷ではない」という雰囲気を醸成したり、あるいはその逆に、自分に向けられたわずかでもネガティブな言動については「絶対に許されない人権侵害だ」「許されざる差別主義の発露だ」「悪質きわまる加害行為だ」といった（場合によってはあきらかに過大な）評価をさも当然のように周囲の人びとに共有させることができる――そのような巧みな知的能力や言語操作能力こそが、私のいうところの「知力による暴力」だ。

「知力による暴力」とは、つまるところそれは「コンテクストを制限／生成できる能力」のことである。

〝いじめ〟で発揮される「知力による暴力」

知力や言語操作能力によって、人間関係上の文脈をコントロールすることで生じる目に見えない暴力は、文字どおり実体のともなう物理的な攻撃は伴わない。ナイフも鉄パイプもバールも拳銃も登場しない。だが間違いなく人を傷つけるし、あるいは陥《おとし》れることができる。この能力に卓越した人間のなかには、他人に一滴の血も流させることなく、相手の《内側》だけをズタズタに切り裂いて、ときに死に至らしめることすらできる。

学校や職場で発生した「いじめ」により、被害者が自ら死を選ぶ――そんな悲惨な結末に至ったニュースを見て、人びとは衝撃を受け、心を痛める。いったいなぜこのような結果になるまでだれも止めなかったのかと、悲憤をこらえられない。だが実際のところ、「いじめ」には、その場に居合わせた全員が「いじめ」を見て見ぬふりをして被害者を見殺しにしたケースばかりがあるわけではない。その「いじめ」がリアルタイムで行われていた当時、周囲の人びとはそれを「いじめ」とは本当に認識していないこともめずらしくない。

「いじめ」がいままさに発生していたとき、周囲の人はとぼけているわけでもなければ事なかれ主義でもなく、それを「いじめ」とは気づかないこともあるのだ。第三者から指弾されて事後的にそれが「いじめ」であると説明されるが、それでもなお納得感が得られなかったりもする。「いやしかし、自分はいまでもそうは思わないのだが……」「だって、相手には周囲から冷たくされる相応の理由があったわけだし……」という釈然としない気分が残ることさえある。

結果論的に見れば隠蔽や見殺しにしか見えないような周囲の態度も、「いじめ」を行った集団のなかに「知力による暴力」にひときわすぐれた者がいて、その者が自分の能力を惜しみなく発揮すればそうとは自覚させずに行わせることができてしまう。そういう人間がコミュニティに数名いるだけで、その他大勢は本当に「自分は『いじめ』になんか参加していない。みんながアイツのことを嫌っているだけ。しかもそれは、アイツが嫌われるような原因をつくっているからだ」と疑いなく思い込み、善かれと思って加害に参加する雰囲気ができあがってしまうことがあるのだ。

殴る蹴るの「物理的暴力のいじめ」が社会問題化して久しく、このタイプのいじめが鳴りを潜めていくなかで、このようなコミュニティ内部の文脈操作にすぐれた者による「精神的暴力のいじめ（とそれを正当化する空気の醸成）」は、近頃ますます台頭している。

「文脈」を変えるオルタナティブな暴力

こうした「コンテクストを制限／生成できる能力」がいかに暴力的であるのかについては、いまや公衆衛生や政治問題の専門家としてテレビのワイドショーや情報バラエティなどで引っ張りだこになっている、元衆議院議員の豊田真由子氏を例にとるとわかりやすい。

豊田氏は議員時代、自身の政策秘書に対する暴言の録音が週刊誌を通じて世間に公表され、それによって辞職に追い込まれたことで知られている。彼女が仕事中に政策秘書に発したとされる「この、ハゲー！」や「ちーがーうーだーろー！」といった大音量の奇声を覚えている人も多いはずだ。そう、あの豊田氏が、いまではテレビで見ない日はないくらいに大活躍しているのである。

豊田氏のかつての政策秘書に対する暴言はまさに「言葉の暴力」である。しかしながら「このハゲー！」などの暴言は、だれでも思いつく程度の低劣で稚拙な語彙だ。高い知力や言語操作能力は必要としない。そうではなくて、部下に尋常でないトーンの罵声を浴びせていた彼女が現在はすっかり世間的になんとなく許されたムードになり、それどころか「じつはいい人」「チャーミングな人」「親しみやすい人柄」「政治家という仕事のせいで追い込まれていたんだ」などという肯定的な印象で世間に受け入れられているこのコンテクストの形成と操作こそが「知力による暴力」――いうなればオルタナティブな暴力の本質である。

現在の彼女をマスメディアが「暴言スキャンダル／パワーハラスメント事件の加害者」としてフィーチャーすることはほとんどなくなった。過去のスキャンダルが取り上げられるときだって汚点を蒸し返すためではなく、議員という仕事に特有の強いプレッシャーが、人間をいかに消耗させ、人格まで変えてしまうのか、という労働問題やメンタルヘルスのレイヤーの問題として扱われるようにもなっている。

彼女の社会的名誉がどんどん回復していく一方で、暴言を浴びせられた被害者であったはずの政策秘書に対してはその後にさまざまな落ち度の追及がなされた。遠回しに被害者の政策秘書の職務能力（の低さ）などが伝えられ、「いやはや、たしかにこれは、暴言を言われるくらいにイライラさせる無能だ。豊田氏が怒ったのも仕方がない」とでもいわんばかりの雰囲気が生まれた。彼の「暴言を吐かれても仕方がない原因」が見出されていくのと反比例する形で、豊田氏のネガティブなイメージは減衰していった。

彼女のかつての暴言や罵倒はたしかに「暴力」として非難された。しかし、その後に彼女の卓越した能力や人脈によってつくられたコンテクストは「暴力」の埒外《らちがい》におかれた。彼女の政策秘書だった男性は、かつて自分の容姿をあげつらって大声で罵倒した人間が、お茶の間では「まゆゆ」という愛称で親しまれ「本当はやさしい人だったんだ」と支持を集め、「わかりやすく人柄もよい専門家」として人気を博している光景をどう思うのだろうか。

見えないナイフが人を刺す時代

相手を傷つける暴言を吐く能力はだれにでもある。バカ・アホ・カス・クズなど、大の大人から小学生でも、だれでも言える。

しかしながら、そのような暴言であろうが「これは正当な理由があってなされている正義」とするコンテクストをつくったり、あるいは自分に向けられたそれらの暴言を一片たりとも許さずに吊し上げ「これは許されない行為であり社会的に断罪されるべき絶対悪」とするコンテクストをつくったりできる能力はだれもが持っているわけではない。ごく一部の人にしか与えられていない特殊な能力だ。これは往々にして、知的能力や言語能力や文学的修辞技法にすぐれ、そして有形無形の権力を持った者だけの特権的能力だ。

そのような一握りの人びとの持つ「オルタナティブな暴力」は、現代社会で社会的に咎められ、ときには処罰対象となる「暴力」の枠組みからは免除され、特権的でときに超法規的とさえいえる絶大な権力を持っている。

侮辱や罵倒といった「言葉の暴力」も、近年では物理的な暴力と変わらない暴力の一類型として捕捉し断罪されるべきだとする社会的合意が促進されている。岸田政権下で進められていた名誉毀損罪や侮辱罪の厳罰化もそのような時代の流れを反映している。腕力にせよ言葉にせよ「暴力」が非難され、社会からますます駆逐されている。だからこそ、そうした「暴力」の枠組みから言葉巧みに抜け出る「オルタナティブな暴力」はますます勢いづいている。

現代社会は、殴る・蹴る・刺す・撃つといった物理的かつ直接的な暴力についてはさらに厳しくなっている。実際にそのような流れが功を奏して、社会からは物理的暴力によって人が傷ついたり命を落としたりする事件は年々減少していることが統計的に明らかになっている。

しかし一方で、社会的・人間関係的なコンテクストを操作して、自分の振りかざす間接的な暴力を暴力でなくしてしまう「オルタナティブな暴力」についてはそのかぎりではない。むしろこの目には見えない抽象的暴力は、世の中でますますその版図を拡大し猖獗《しょうけつ》をきわめている。

人の身体や内臓を傷つける物理的な暴力が人間社会から徹底的に排除されていけばいくほど、身体や内臓を貫通して刺さる「オルタナティブな暴力」が世の中にあふれる。その暴力に適した才能を持つ者だけが、例外的に他者を傷つけたり、追い詰めたりすることができる特権を持つ世界が広がっている。

脚注

＊1　ウィル・スミスのビンタ：２０２２年の第94回アカデミー賞授賞式で、長編ドキュメンタリー部門のプレゼンテーターを務めたコメディアンのクリス・ロックが、同賞主演男優賞のウィル・スミスの妻のジェイダ・ピンケット・スミスが脱毛症に悩まされていることをジョークのネタにした。それにウィル・スミスは立腹、壇上に上がりクリス・ロックに平手打ちをした。アカデミー側はこの一件から10年間、アカデミー主催の授賞式等のイベントへの参加禁止をウィル・スミスに伝え、俳優側もその条件を了承した。

いじめ問題にまつわる不都合な真実

いじめ加害者が学校から推薦を受けて進学

兵庫県加古川市の中学校にて、ある女子生徒がいじめを苦に自殺した事件があった。

この事件がひときわ大きな衝撃を世間に与えていた理由はほかでもない、のちの調査によって加害者と目される生徒たちが学校推薦を得て高校に進学していたり、なかには実業団に入ってスポーツ選手として活躍している者もいることを遺族が知ってしまったからだ。

2016年9月、兵庫県加古川市立中の2年生だった当時14歳の女子生徒が同級生らからのいじめを苦に自死した。7年後、両親は娘の死と向き合い続ける日々の中で、加害生徒の1人が実業団スポーツ選手として活躍していることを知ってしまった。「娘の未来は絶たれてしまっているのに、なぜ…?」。もう会うこともできない娘とのあまりの〝落差〟に、抑えきれないほどの憤りと悔しさが再燃した。
事件後、加害生徒から直接謝罪の言葉はなく、いじめを本人らが認めたかどうかもはっきりしないままだった。両親は当時から生徒らへの厳しい指導を学校や市教育委員会に求めてきたが、学校側はその裏で加害生徒たちの一部を学校推薦で希望の高校に進学させていた。遺族に情報が開示されていないため定かではないが、同級生らの証言によると、後に実業団選手となった生徒もいるとみられる。父親は信じられない思いで、こう疑問を投げかける。「遺族をバカにしている。こんなことが許されていいのか」

（47ニュース『加害者の今を知ってしまった…「娘の未来は絶たれたのに」中2いじめ、遺族の憤りと煩悶　学校推薦で高校進学、実業団選手に。謝罪はないまま』２０２４年6月28日より引用　＊1）

自分の子を死に追いやった加害者側が学校から推薦で進学していたり、あるいは実業団選手として夢を叶えていたりする事実を知ってしまった遺族の哀しみややるせなさは言語に絶するところがあるだろう。

このニュースに対して世の中では遺族の無念や憤りに心を寄せながら、「こんな奴がのうのうと暮らしてよいはずがない」「そんな人を推薦して進学させる学校は狂っている」といった非難の声が激しくあがっていた。そのような怒りがあがるのは人として当然だろうと思う。

……だが、当然だろうと思うその一方で、別の思いもある。

この世の中では、みんなが口々にいう「こんな奴」「そんな人」だからこそ学校推薦を得たり希望通りの進路を叶えたりしながら、のうのうと暮らすことができるのではないかとも感じてしまうのだ。

つまりなにが言いたいかというと、「いじめる側」である人間が学校推薦を得られることは必ずしも矛盾しているわけではなく、むしろ「いじめる側のパーソナリティー」と「学校推薦を得られるようなパーソナリティー」にはある種の相関性があるのではないか、ということだ。ようするに「いじめる側」の方が、一般的な人間のつくる共同体の秩序においては「まとも」という評価をしばしば得てしまうということだ。

「社会性」と重なる「いじめっ子マインド」

かりに人間の人格的・特質的パラメーターに「いじめる側／いじめられる側」というグラデーションがあるとすれば、どちらかといえば「いじめる側」に位置する人の方が、あろうことか世の中での「社会性」の評価は高くなる。

いじめても——あるいは明確に「いじめ」とまではいかないまでも、仲間と示し合わせて仲間外れにしたり敬遠したりしても——周囲からその行為を非難されにくい対象を狡猾に見定められる能力は、まさしく「いじめっ子マインド」そのものであるが、しかしこれは人間社会では必ずしもネガティブに評価されない。自分たちが属している共同体の協調性やムードを悪くする異分子をきちんと懲《こ》らしめられる行動力やリーダーシップとして肯定的に評価される向きもある。

学校もまた教育機関であると同時に人間が集団でつくる組織的な「共同体」のひとつであるため、「いじめっ子マインド」が必ずしも非難や制裁の対象にならず、むしろ学校として推薦するに足るような「向社会性」を持つ子どもとして評価されてしまうこともある。

攻撃されても迫害されても差別されても疎外されても同情や共感や擁護が起こりにくい、むしろ周囲からは「前々からアイツのことは自分もどうかと思ってたんだよな」という支持や共感が集まり、さらに追い打ちが発生しやすい、そんな対象を正確に選べるということは、――やっていること自体はまったく褒められたものではないにしても――ようはその共同体に流れている雰囲気や文脈を察知し、人心を掌握するメタ的な認知能力にも長《た》けているということでもある。

「いじめる側」「いじめられる側」を比較すると、後者がその後の人生に暗い影を落とし場合によっては自ら命を絶ってしまっていることもあるのに対して、前者が学校推薦を得たりあるいは希望の進路や就職先を得て暮らしているというのは、たしかに傍から見れば理不尽で不公正きわまりない光景ではある。だが、じつは世の中全体を見ればめずらしい話ではなく、だれもが見聞きすることも多い。

それは結局のところ「いじめっ子マインド」と「社会適応的マインド」は、大なり小なり重なり合っていることを示唆している。

「いじめっ子マインド」の方が生きやすい

本当に身も蓋もない話だが、自分の認知や人格をどちらかにカテゴライズするなら「いじめる側」のグラデーションに寄っている人の方が、世の中に出たときに「生きづらさ」を感じにくい傾向があるのだろう。

もっとも、ある人が「いじめる側」寄りのグラデーションに寄っているからといってイコール「いじめの加害者になる」という話ではないことは留意しておきたい。あくまで二元論的に考えたときに「どっち寄り」のメンタリティーを持つ人間であるかという意味だ。

さすがに直接的な暴力を行使する「いじめ加害者」は今日においては世の中の問題意識もアップデートされ、さまざまな社会的制裁や法的措置が下されるようになっている。かれらがのうのうと暮らせるような余地は失われつつある。しかしながら、直接手を下したり加担したりしないまでも、うっすらいじめっ子的な気質を持っている方が依然として世の中に適合しやすい傾向は変わらずにあるだろう。

「いじめ」と見なされないように調整しながらいじめに近いそれをしたり、あるいはそういう風潮に間接的に迎合、あるいは暗黙裡に同調することは、社会的協調性や集団への忠誠心、そして周囲から浮き上がって迫害を受けないようコミュニケーションを調整する高いメタ認知能力があり、なおかつ攻撃のターゲットにされにくい生物としてのある程度の強さや威厳を持っているシグナリングとなる。

皮肉なことにこれらは「人間の社会共同体のメンバーシップ」の交付要件と重なり合う資質である。「いじめっ子は世に大成して成功者になる」というのはさすがに少数例外を誇張した俗説であるだろうが「うっすらといじめっ子的マインドを持つのは社会適応的である」と記述するのはそれほど飛躍ではない。

人間が「共同体」をベースに生活したり稼動したりする生物である以上、社会適応度の高さはきわめて重要なステータスである。そしてそのステータスは「いじめる側／いじめられる側」のパラメーターと符合している。

「うっすらいじめっ子」を目指せ？

自分の子どもを「ほかの子を積極的にいじめろ」と教育する親はいない。

当たり前のことだ。

しかし「いじめられる側になるくらいならいじめる側の方がいくらかマシだ」という社会観を（意識的か無意識的かは別として）ひそかに内面化しながら教育をしていることはめずらしくはないだろう。たとえば格闘技を子どもに習わせる男親は、大なり小なりそういう「ルール」が人間社会には不文律的に存在していることを熟知している。繰り返し強調するが、だからといって「いじめっ子になれ」と推奨しているわけではないし、いじめ加害行為を肯定・擁護しているわけではない。

いまの時代の「いじめっ子」はそれこそ漫画『ドラえもん』に登場するジャイアンのようなわかりやすく加害的な姿をしているのではなく、むしろ大人たちの目から見ると「人格者」「社会的」「リーダーシップ」のように見えてしまうこともあることを、とくに子どもや若者たちとかかわる現場の人ほど認識しておかなければならない。

いじめがよくないことはだれだってわかっている。だが「いじめ加害者側になる能力」は社会のメンバーシップを得るために（＝まともな人間だと評価されるために）必要とされる能力と重なり合ってしまう。これは学校推薦を得たり就職活動で有利だったりする。

この不都合な真実があるからこそ、令和の世に至ってもなお「いじめ問題」は根深く、容易に根絶することができない。

脚注

＊1 https://nordot.app/1173853964572721486?c=39546741839462401

警視庁
POLICE

警視庁
POLICE

第2章　世代間対立の時代

- この世はでっかい老人ホーム
- 快適で、そして冷たい社会
- 奪い合いの時代がはじまる
- ジェネレーション・ロスト

この世はでっかい老人ホーム

「迷惑老人」動画の拡散は何を予告するか

混雑する電車内で泣く赤ちゃんとその親に対して、そこに居合わせたひとりの高齢男性が「うるさいんだよ！」「あんたみたいに甘やかしているだけの人はね、日本をダメにするんだ！」「躾《しつ》けるのが当たり前だろ！」と激昂し、周囲の人も巻き込んで口論となっている一部始終が撮影された動画がＳＮＳ上で大きな波紋を呼んでいた。その反響はすさまじく、ついにはニュースにまでなった。伝えられたところによると、男性はそのトラブルのあと警察に連行されていったという。

この動画を閲覧した人びとは高齢男性への憤《いきどお》りを隠せない様子で「日本をダメにしたのはお前みたいなジジイだろ」とか「ちゃんとこの男性が警察に引き渡されたのを知れてよかった」といった声が集まっていた。赤ちゃんが泣いてしまうのは赤ちゃんなんだから当然だろうし、親だって別に泣き止ませようと努力していないわけでもない。それを怒鳴りつけてどうにかしろと詰め寄るなど、無茶な言いがかりも甚《はなは》だしいだろう。車内に偶然居合わせてしまった乗客も、頑として自分の主張の正当性を曲げないお爺さんの横暴に不安を募らせたことだろう。

動画に撮影されていた高齢男性の言動は、世間でいう「老害」の典型のように見えてしまったため、しばらくその怒りの声はネット上で途絶えることはなかった。

こうした「迷惑な高齢者」が撮影された動画はSNSで定期的に盛り上がりを見せる、ある種の風物詩のようなものになりつつあるが、個人的にはそういう「怒り」を発散するためだけのうねりにはあまり賛同できない。というのも、SNSでしばしば話題にあがる「キレる迷惑老人」「若いころから狂暴だった団塊世代の高齢化」などといった物語は――そうした記述の説得力や共感性によってSNSウケの良さがあまりにも高すぎることもあって――背後にある本当の論点を見えにくくしてしまうからだ。

SNS上でときどき拡散する「迷惑老人」の光景は、私たちにとってもっと重要なメッセージを伝えようとしている。こうした光景は、私たちがそう遠くない将来に直面する「日本の日常風景」の小さな予告編に過ぎないということだ。

2040年には「4人に1人が認知症」

他人や店員に対して、周囲の迷惑も一切憚《はばか》らずに怒号をあげる「迷惑老人」は、たんに性格が悪いとか、民度が低いとか、そういう短絡的な話で片づけるべきではない。

実際にはこうした老人たちの背景には少なからず「認知症の（初期）症状」が潜んでいるからだ。とくに易怒性《いどせい》の亢進は認知症の最初期に発現し、周囲にも気づかれやすい症状のひとつであり、それは高次脳機能とりわけ感情や社会性や抑制などを司《つかさど》る部分の働きが低下することで生じるといわれている。

核家族化の進行によって高齢者（祖父母世代）とともに暮らす人が減少した世の中では、老化にともなう認知機能低下がどのような影響を与えるのかについて知る機会が多くの人にとって乏しくなってしまった。結果的に、認知症老人との遭遇は人びとにとって普段の生活とはかけはなれた「非現実的な珍体験・珍映像」のような扱いを受けるようになった。だからこそSNSでも毎度毎度この手の動画やエピソードは大きな注目を集めている側面はあるだろう。

しかしながら、これははっきり述べておくが、今後10年20年もしないうちに、こうした光景は「非現実的な体験」ではなく「街なかの日常風景」になるだろう。

近ごろの街なかでは——たとえばスーパーやコンビニのレジ、ファストフード店、区役所の待機スペース、病院の待合室、駅のホームやバスの車内、観光施設などいたるところで——怒声を張り上げて従業員や他人に詰め寄る「キレる迷惑老人」を見かけるし、とくに最近は心なしかその頻度も増えてきたように感じる。

これは私の思い込みというわけではないだろう。むろんその全員が全員認知症であると決めつけるわけではないが、しかし世の中全体に占める高齢者の割合が一貫して（なおかつ急速なペースで）増え続けていることは紛れもない事実であり、したがって街を歩けば「そういう光景」に出くわす確率は統計的には間違いなく上昇しているからだ。

ここに次のようなデータがある。高齢化が加速していく時代には、それにともなって世の中にいる認知症患者の数も（診断を受けていない初期症状や兆候も含めて）比例して増加していくことを示した左ページのグラフである（＊1）。

このグラフを見てもらえばわかるように、たとえばいまから十数年後の2040年ごろには高齢者の認知症患者数が900万人前後になることが推計されている。つまりそのときには、世の中の高齢者のおよそ4人にひとりが認知症を患っているという計算になる。単純計算では、あなたが街を歩いているとき高齢者に4人すれ

65歳以上の認知症患者の推定者と推定有病率

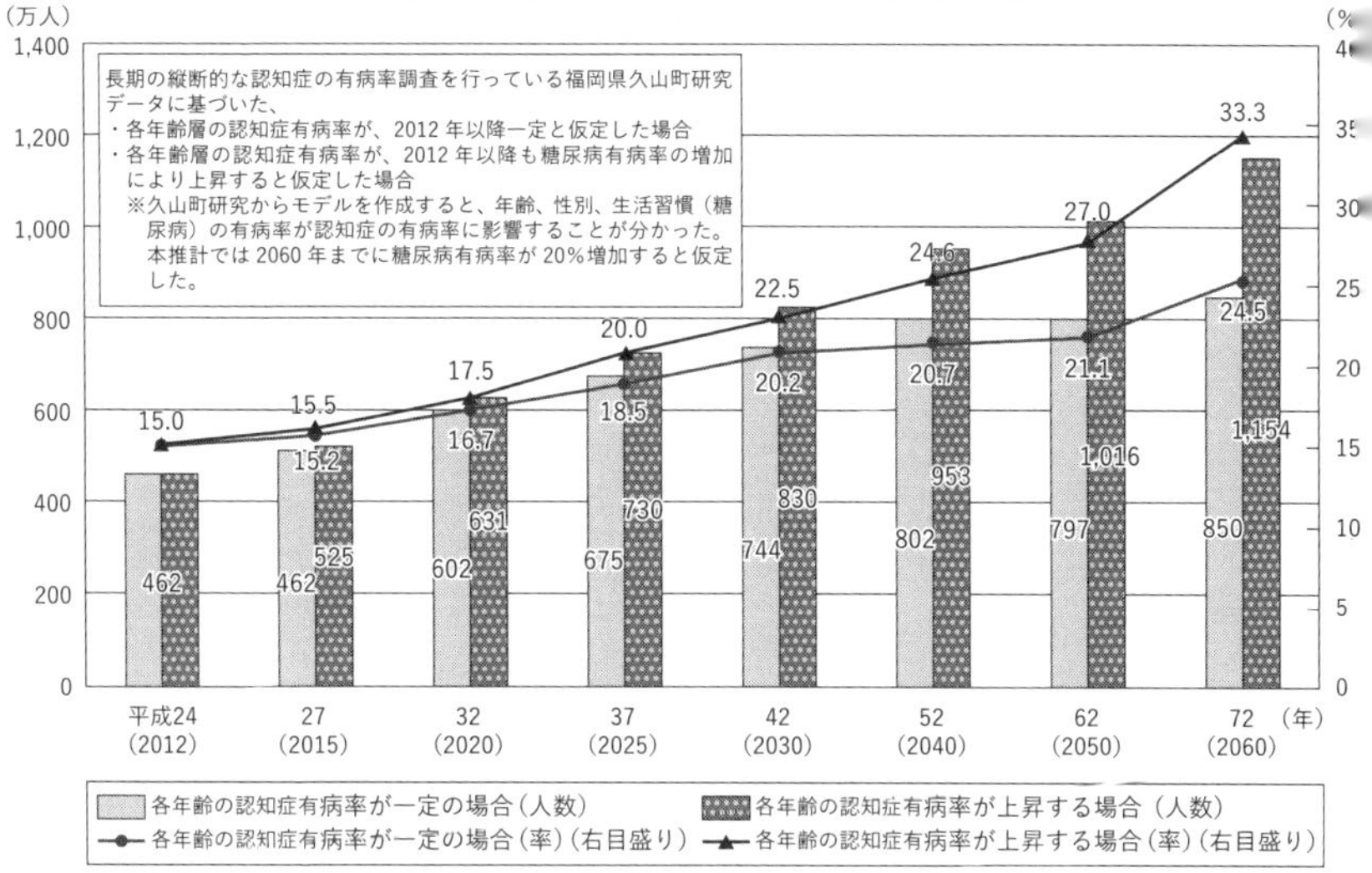

資料：「日本における認知症の高齢者人口の将来推計に関する研究」（平成26年度厚生労働科学研究費補助金特別研究事業　九州大学二宮教授）より内閣府作成

違ったら、そのうちの１人は認知症にかかっている（あるいは未診断の予備軍を含めればもっと多い）かもしれないということだ。そのように書けば、これがどれだけすさまじい状況であるかが想像しやすいだろう。

ちなみに２０４０年の推計では、現役世代人口の総数がおよそ６０００万人であるのに対して65歳以上の高齢世代人口がおよそ４０００万人弱となる。その年に成人を迎えるのはおよそ80万人程度であり、どう考えても認知症患者を含め高齢者をケアするためのリソースもマンパワーも不足することが必至となっている。高齢者の認知症ケアはほぼ確実に「需要過多（供給不足）」となる。

あらゆる仕事が「老人介護的」になっていく

病院や介護施設や老健・老人ホームでは高まりつづける高齢者ケアの需要を完全に吸収しきれず、ケアの枠からあふれ出た認知症老人たちは、当然ながら家庭にやむなく引き取られることになる。しかし家庭に引き取られた認知症老人の全員が十分なケアを受けられるとはかぎらず（そもそも家族と同居している高齢者もそれほど多いわけではない）、老人たちはやがて外に繰り出すようになる。そのような未来では、世の中のあらゆるセクションで擬似的に介護的な負担が人びとに求められるようになる。

語弊をおそれずに表現すれば、これからの日本では世の中全体がうっすらと「巨大な老人ホーム」と化していく流れは避けられないということだ。

たとえば認知症患者が900万人となった2040年、百貨店で接客をする人の業務マニュアル・フローには「認知症を患っているであろう認知機能の低い客がトラブルを起こさないようケアしながら応対する」という、まるで介護士や福祉士がやるような業務がきわめて重要な要素として組み込まれることになる。そういう客が一定数来店することを想定したマネジメントを行わなければ、現場では大きなトラブルになるリスクが高くなってしまうからだ。

あるいは携帯キャリアの販売店や大型家電量販店では、2024年現在でももうすでにある種の「介護施設」のような様相を呈しはじめている。店舗のスタッフは、機械操作や書類手続きが苦手な高齢者のためにそれらを代行する業務で一日中追われている。本来は客側が端末を操作して行うことが前提となっているし、ネットでも各種設定や手続きは完結できるようになっているのだが、そもそも高齢者はそうした情報にリーチすることもできない。そうした本来の業務とは異なる「介護サービス」的な対応のせいで従業員のリソースが圧迫されていることから、これらの窓口対応を有料化してなんとか凌ごうとしているようだが、残念ながら焼け石に水だ。

これからの時代は、どのような仕事に就いていようが老人介護的な要素と無関係ではいられなくなる。自分の仕事に「介護」的なニュアンスがどんどん拡大していくことに、だれもが気づくことになる。公共交通機関は言うまでもなく、銀行の窓口も同じだ。コンビニだってスーパーだって例外ではない。喫茶店もレストランも然《しか》りだ。世の中のあらゆる仕事に、これまでなら病院や介護施設が一挙に引き受けていたような負担が侵出してくるようになる。

これまで病院や施設（そして家庭）が引き受けていた認知症患者が、それらの領域では収容しきれずに街中に溢れるようになっていけば、この流れは加速する。世の中の医療や介護や福祉とはなんの関係もない一般的な仕事であってもじわじわと「認知症患者のケアやリスクマネジメント」に類する業務フローのための膨大な人的リソースを割くことを余儀なくされる。こうして世の中全体が巨大な老人ホームと化していくのである。認知症患者が１１００万人を超え、社会保障リソースがますますひっ迫しているであろう2060年には、「社会全体の巨大な老人ホーム化」はだれの目にも明らかなくらいさらに顕在化してくるだろう。

社会全体のリアルな老化と対峙できるか

しばしばSNSで大きな反響を呼んでいる「暴れる／キレる／攻撃する迷惑老人」の姿は、数十年後に確実にこの国にやってくるであろう「社会全体の巨大な老人ホーム化」の予兆でしかない。

いまのところSNSでは「老害が昭和の古い価値観で若い人を攻撃している」とか「犯罪率の高かった団塊世代が高齢者になって悪目立ちしている」といった、わかりやすくて溜飲の下がる物語の説得力があまりに高いせいで、こうした光景を見てもそれが真に暗示する未来にまで考えが及んでいる人が少ないままだ。だがこの未来は、確実にやってくる。

２０２５年からは日本最大の人口マス層である団塊世代が後期高齢者になり、それと同時に莫大な医療・介護リソースが必要となる。いわゆる２０２５年問題である。しかし現役世代の数も出生数も加速的に減少している状況では、高齢者ケア分野の需要を満たす労働力の供給は行われない。

「日本人がダメなら外国人労働者を集めればいいじゃないか」といった意見もある。だがこのままインフレ・円安基調が続けば海外からの移民労働者も期待することはできなくなる。ただでさえ日本の労働は激務で海外から不人気になっているのに、お目当ての日本円の価値までなくなってしまえば、よその国からの働き手が現れる見込みはますます薄れていく。福祉士養成校では近年日本人の在籍者数が急激に減少し、その穴埋めを外国人に頼りきりになっているが、外国人からして円を稼いでも大した儲けにならない状況が続けばいずれは居なくなってしまうだろう。

日本の少子化・高齢化トレンドが逆転するような兆しはまったく見えない。そうである以上、残念ながら近い将来の「日本社会全体の巨大な老人ホーム化」は避けられない。「電車で騒ぐ迷惑爺さんの動画」などでニュースになるほど世の中がいちいち大騒ぎになっていたのが懐かしく恋しく思えるほど、そうした光景は私たちにとってもはやなんの真新しさも新奇性もない、ごく当たり前の日常の一部になっていく。

電車やバス内で高齢者の怒号が飛び交うのも、仕事中の接客時に高齢者に詰め寄られるのも、街をのんびり歩いているだけで高齢者にいきなり因縁をつけられるのも、生活空間でいきなり排泄物（人糞）を見かけるのも、私たちの街では「それが普通」の出来事のようになっていくし、そういう「社会全体の老化」とうまく対峙することが、私たちの仕事や社会生活において基本的マニュアルとして組み込まれていくことになる。

さほど遠くない未来の日本では、現役世代の人びとはたとえどこでどんな仕事をしていようが、プライベートでどんな暮らしを送っていようが「うっすら介護職」になっていく。

そう、日本全体が「でっかい老人ホーム」になるのだ。

脚注

＊1　https://www8.cao.go.jp/kourei/whitepaper/w-2017/zenbun/29pdf_index.html

快適で、そして冷たい社会

「赤ちゃんにはむやみに触らないで！」

「さわらないでね」と書かれたキーホルダーには、赤ちゃんに触ろうとする手と、手でバツを作り嫌がる赤ちゃんのイラストが描かれています。

ベビーカーに付けられた、このキーホルダー。作成したのは、埼玉県に住む主婦・アイさんです。

キーホルダーを作ったアイさん：「息子が生後3カ月ぐらいの時に、高齢の方に声を掛けて頂いて、『かわいいね』って言って頂いて。その時に『触っていい？』と言わないで、息子の足を触ってきた」

新型コロナの感染が広がるなか、両親にも会わせていなかった我が子をいきなり触られたことに、大きなショックを受けたといいます。

アイさん：「ツイッターとかで調べると、そういう思いを抱いている人が他にもいるということに気付いて。何かできないかなと、このキーホルダーを作りました。一つのクッションになればいいかなと。意思表示に」

（テレ朝ｎｅｗｓ『実際に、ツイッター上では「いきなり赤ちゃんには触ってほしくないよね」「2歳児以下はマスクできないし、近寄らないでほしい」といった声が上がっています。【〝赤ちゃん触らないで〟キーホルダー…作成者「一歩下がって、見守っていてほしい」】』２０２２年9月27日より引用　＊1）

２０２２年の秋、乳幼児を連れた主婦が、自分の子どもの身体を通りすがりの見知らぬ高齢者にことわりもなく触られたことに不快感を覚えたことをきっかけに「さわらないで」と意思表示をするキーホルダーを作成したニュースが伝えられた。それがインターネット上でも大きな話題となり、同じような経験を持つ主婦層を中心に多くの共感を呼んだ。

見知らぬ他人とくに高齢者に、自分の幼い子どもをあいさつ代わりに触られた経験を持つ親たちは思いのほか多かったようで、ＳＮＳでは当該の主婦の試みに大きな称賛と共感が寄せられていた。もっとも、他人が乳幼児に無断で触ってくるといっても、悪意があるわけではないことも明らかだ。えてして高齢者はたとえ血が繋がっていなくても、街で見かける小さな子どもが好きなものだ。しかしながら、高齢者たちが「可愛いねえ」などといって近づいてきている手前、むやみにあしらうこともできず、モヤモヤとした思いを溜めこんでいた人が少なくなかったようだ。

だが皮肉なことに「他人の子どもに気安く触らないでほしい！」という親たちの声に支持や共感が集まるほど「子育て世帯に対して理解がなく不寛容で冷たい社会」は加速していく。そして残念ながら、このトレードオフ構造について自覚的な人はいまだきわめて少ない。

「子どもが迷惑だ」と苦情を入れる高齢者たち

令和の世に蔓延する、子どもや子育て世帯に対する世間の不寛容な風潮に、若い親たちは嘆いている。ボール遊び禁止の公園、幼稚園や児童館の建設反対運動、街中で騒ぐ子どもに対して向けられる冷ややかなまなざし——枚挙にいとまがない。

意外なことかもしれないが、公園を管理する役所に苦情を入れるのも、幼稚園や児童館の建設に反対するのも、街中で騒ぐ子どもを警察に通報するのも、その多くは子育てを終えた中高年層、とくに高齢者である。

しかしながら留意しておきたいのは、高齢者が昔にくらべて性格が悪くなったとか人格が劣るようになったとか、けっしてそういうことではない。かれらお年寄りが子どもや子育て世帯に対して不寛容で冷酷になったのはほかでもない、先述したような「子どもに気安く触るのはやめて！」という論調が大きな共感を集める世の中になってしまったからである。

現代社会では「子どもは社会のみんなで育てるもの」という旧来的な暗黙の合意形成がほとんど成立しなくなってしまっている。

令和の時代では、他人の子どもは「みんなで見守ってあげるべき可愛い存在」ではなくて、いうなれば「不規則に移動するリスク」になってしまっている。というのも、いまどき他人の子どもに迂闊《うかつ》に声をかければ「不審者情報」として地域のウェブサイトに掲載されてしまうし、ましてや触ったり叱ったりしようものなら「加害者」となり、最悪の場合は警察からの捜査対象にまでなってしまうからだ。「赤ちゃんにさわらないで！」と訴えるキーホルダーも、あるいはそれに寄せられる賛同の声も、まさしく自分の子どもにかかわろうとする見ず知らずの他者をある種の迷惑な（潜在的）加害者と見なす時代を象徴しているといえるだろう。

しかしながら、自分たちに近づこうとする他人を「迷惑な人間」と牽制するエクスキューズには相応の利点もあった。「他人の子どもに気安くかかわってはならない。ましてや触ったりするのはもってのほかである」という社会的合意が広がれば、自分たちに不用意で不愉快な介入を試みるような他者を予防的に遠ざけられるからである。ようは「余計な手や口を出してくる面倒くさいお爺ちゃんお婆ちゃん」に日常場面で遭遇する確率を下げられるのだ。

自分の家庭の事情も子育ての方針もろくに知りもしないくせに、そうしたデリケートな範囲の問題に首を突っ込んできてはあしろこうしろと訳知り顔で言ってくるありがた迷惑な年寄りが近づいてこなくなることは、イマドキの若い子育て世帯にとってはストレスから解放される喜ばしいことだったのだろう。気持ちはわからないでもない。たしかにそうした人びとは一見すれば鬱陶《うっとう》しいものだ。

しかしながら、仕事に子育てに忙殺される若い世代の人びとにとって、いざというときに助けになってくれるような共助的な役割を果たしてくれていたのが、ほかでもない平時には「面倒くさいジイさんバアさん」としてふるまっていた地域の隣人たちであった。

「赤ちゃんに触らないで！」キーホルダーを作成した主婦は、「やっぱり助けてもらいたい時はあると思うが、その時は自分から声を掛ける。そういう時に、助けてもらいたい。一歩下がって、見守っていてほしい」――と述べていたが、そう都合よくはいかないだろう。

かれらのことをふだんは不快だ迷惑だと牽制して遠ざけておきながら、困ったときにだけ絶妙のタイミングで最適なヘルプを提供してくれる親切なお年寄りの皆様の登場に期待するなど、虫が良すぎる話だからだ。ありがた迷惑な助言や介入をしてくる鬱陶しい人付き合いをある程度は我慢してこそ「いざというときに駆けつける親切なお年寄り」がやってくる。いいとこ取りはできないのが人の世である。

常日頃はかれらを潜在的加害者として「触らないで！」と遠ざけてしまえば、かれらは「いざというときのお助け役」をやってくれなくなるばかりか、協力的な隣人ですらなくなる。それどころか「公園でボール遊びをする子どもがうるさい」とか「自宅で騒がしくすると近所迷惑だ」とか「店で大声を出させるなど躾がなっていない」などと子どもやその親を真顔で非難して排除しようとする「不寛容な近隣住民」に姿を変えて〝復讐〟してくるようになる。

「可愛い生き物に触らせてあげる」ことの保険料

どうすればこんな冷たい世界になるのを回避できたのだろうか?

それには方法があった。本当に、本当に簡単なことだった。

乳児や幼児という「可愛い生き物」に、もっと気軽に触らせてやればそれでよかったのである。

「可愛い生き物に触らせてあげる」というのは、実際のところ、親たちが想像しているよりもずっと強大な報酬だったのである。乳幼児の屈託のない笑顔やしぐさから与えられる「可愛い」という報酬は、目には見えない無形のものだが、しかしそれだけでも他人を「自分たち家族のために（無償で）働かせる」ことを暗黙裡に合意させる影響力をもっていた。

足を触る、手を握る、頭をなでる、頬をふにふにとつつく――そんな他愛もないようなことで、乳幼児は他人に「可愛い」という心地よい価値を提供し、それを与えられた人びとを「協力的で寛容な他者」に変貌させてしまう。だがそこで親が間に入り「さわらないで!」と拒絶してしまえば、そのような相互作用は不成立になる。

他人に「可愛い生き物に触らせる」のは、たとえるなら「いざというときに助けてもらえる」ために前払いする保険料のようなものだった。

「可愛い生き物に触る」という保険料の支払いを(赤の他人が不審だから不潔だから不快だからといった理由で)拒否してしまえば、たしかに保険料が浮いた分だけお得に感じる部分もあるだろうが、しかし支払わなかったのだから「いざというときに助けてもらえる」というオプションを提供してもらえないのも当たり前だ。

なぜひと昔前の世の中は子どもの騒音にも粗相にも比較的に寛容だったか。それは、他人の子どもに対して、それほど気にせず声をかけてもよいし、身体に触れてもよいし、叱りつけてもよかったからだ。そうしたかかわりを通じて「可愛い」を提供してもらえていたし、「子どもの健全な成長に貢献できている」という地域貢献の喜びを感じられたからだ。

隣近所のだれかの飼い犬は、近隣のみんなで撫でたりおやつをあげたりして可愛がれるからこそ、その犬（あるいは飼い主）が時折しでかしてしまう「粗相」にもいくらか寛容になれた。だが現代のように、他人に犬を撫でられたりするのを（犬がストレスになるから、トラブルになると厄介だからと）嫌がる飼い主が多数派になってしまった世の中では、たとえばマンションの玄関先に犬が小便をした痕跡が見つけられようものなら「集合住宅なのだから犬を飼うのは慎むべきだ！」といった激しい怒りの投書や苦情の電話が管理会社に殺到する。

これも同じことだ。気軽に接近して撫でることもできないのに、どうして自分たちばかりが〝無報酬〟で「社会的協力」や「寛容な態度」を要求されなければならないのか――という不満である。

「地域社会」が「ただ住んでいる町」に

幼い子どもたちの無邪気な姿から発せられる「可愛い」あるいは「この地域の未来を感じる」という目に見えないメリットを、近隣で暮らす人びとはある種の〝共有財産〟にしていたからこそ、地域共同体は子どもとその親たちに概して寛容だった。

よくよく考えてもみれば、地域社会に幼い子どもがいたからといって、実際的にかれらがなにか生産的な仕事ですぐさま役に立つわけではない。しかしかれらはその共同体の未来の象徴であると同時に、大勢の人に「可愛い」を提供していたからこそ、だれからも愛され大切にされていた。

だが現代人は「こちらが頼んでもないときには勝手にかかわったりせず、遠くで（私たちが困っていないかどうかを）見守っておけ。勝手に触るな。撫でるな。声をかけるな」――と突き放し、「可愛い」を親だけがひそかに味わえる特別な報酬にして、他の人に分け与えることをしなかった。

子どもが無邪気に「可愛い」というメリットを周囲に分け隔てなく与えていたからこそ、人びとにとって「ただ住んでいる町」にすぎなかった場所が「地域社会」とその名を変え、互助的な性質を持つ寛容な共同体となっていた。

幼い子どもの持つ「可愛い」というメリットを親だけのものにしてしまったからこそ、ときにお節介でときにありがた迷惑ではあるものの、いざという時には絶妙なサポートを提供してくれる温かな「地域社会」は急激にその熱を失って崩壊し、お互いがお互いのことをリスクや迷惑の発生源として忌避する個々人が離散的に暮らす「ただ住んでいる町」に逆回転してしまった。

SNSで大きな称賛や共感が集まる「さわらないで！」キーホルダーは、令和の時代の子育て世帯が「地域社会」ではなく「ただ住んでいる町」で暮らしていることを端的に象徴している。

「子育て世帯に冷たい社会」は、私たちが善かれと思って追求してきた人間関係の快適さの裏返しとして世に現出した。

脚注

＊1 https://news.tv-asahi.co.jp/news_society/articles/000269762.html（リンク切れ）

奪い合いの時代がはじまる

行き場を失った知的障碍者たち

色々な意味で「時代の転換点」を感じさせる、大きなインパクトを与えうるニュースが報じられた。

香川県のとある民間の知的障碍者支援施設において、短期間に発生した職員の大量離職によってサービス提供維持が困難になり、施設側が入所者の利用契約解除を行ったことに対し、保護者らが入所の継続を求めて裁判を起こしたのである。

高松市にある民間の知的障害者支援施設が、職員が相次いで退職し不足していることなどを理由に一部の入所者との契約を解除したことをめぐって、保護者らが12日高松市で記者会見し、5月をめどに裁判所に、入所の継続などを求める民事裁判の訴えを起こす方針を明らかにしました。
高松市三谷町にある知的障害者支援施設「ウインドヒル」では、去年6月から7月にかけて職員のおよそ3割にあたる11人が相次いで退職し、施設側は「安全なサービスの提供が維持できない」として、入所していた11人に対して契約を解除する通知を出しました。（中略）
保護者の代表を務める岩部雅人さんは、「職員が足りないから子どもたちが入所できないというのは理解ができないし、納得できない」と話しています。
（ＮＨＫ ＮＥＷＳ『知的障害者支援施設 入所の継続求める保護者らが提訴へ』２０２４年４月12日より引用 ＊1）

個人的には「ついにここまで来たか」というのが率直な感想だ。
これは単なる施設運営者と利用者のトラブルとして見るべきではない。現在そして未来の日本にとって、きわめて重要な論点をいくつか可視化している。

「介護・福祉の崩壊」が現実味を帯びる日本

提示されている重要な論点――そのひとつは「介護職・福祉職に労働力をつなぎとめることは、これからの時代には容易ではなくなる」である。これは日本のこれからにとって不可逆的な未来だ。

各種福祉施設の職員の給与のレンジは施設や事業者によって多少の差があるが、賞与を含んだ平均月収でおおよそ25万~29万円程度がもっぱらである。お察しのとおりこれは他の産業の平均と比較すると低い水準だ。とくに近年の物価高の影響によって各業界で次々と行われている賃上げラッシュによって、その差はさらに開いたはずだ。

当たり前だがこのような待遇では、そもそも介護分野に必要な人員を供給することも容易ではなくなる。これまでは不況による人余り、つまりリソースの供給過剰でなかなか思うような働き口がなかったからやむを得ず介護業界に従事していた人びとも少なくなかった。だが労働市場が活況を呈するにともない、介護業界から離れて別の待遇のよい業界へと転職していく流れがますます大きくなっている。

インフレと人手不足が深刻化していくなか、さまざまな業界で基本給を上げたり福利厚生を改善したりと、あらゆる業界で残り少ない人材の獲得競争が苛烈化しているのが令和の現状である。知的障碍者の支援施設職員は、いち労働者の目線でみれば立地的にも労働環境的にも待遇的にも、他の業界に比べて魅力的であるとはお世辞にも言い難い。ここまで急激な「売り手市場」では労働者から選ばれる可能性はどんどん低くなる。

これまで医療・介護・福祉産業に従事する人びとは慣習的に、かりにいまの勤め先を辞めても異業種ではなく同業他社に再就職することが多かった。だがこれからはそうはいかない。別の業界を目指して完全にいなくなる。実際のところ、2022年には介護業界の入職者よりも離職者のほうが多くなった。

「デフレ産業」としてのエッセンシャルワーカー

突飛な陰謀論を唱えるわけではないが、いままでは政治的（金融政策的）にデフレが維持されてきたからこそ、国内の労働市場では人余りが慢性化しており、働き口がなくなった人びとが介護をはじめとする福祉職を雇用の受け皿として流れ込んでいたという構図があった。長引くデフレによる労働市場のダブつきと天文学的な社会保障費の投入の合わせ技によって、この分野には安価な人的リソースがつねに供給され、そうしてこの国の介護・福祉インフラの「平常運転」は守られてきたということだ。

冒頭で紹介したＮＨＫの報道によれば、提訴した保護者らは「職員が足りないから子どもたちが入所できないというのは理解ができないし、納得できない」と申し立てているとのことだが、こればかりはどうすることもできないだろう。ましてや被告となった相手は民間事業者であり、労働者には職業選択の自由がある。もっとよい働き口があればさっさと辞めて転職していくのは市場原理である。そもそもこの業界にやってきた人のなかには、あくまで景気が回復するまでの生活のつなぎのつもりでこの業界に入る人も少なくなかったのだから、景気回復にともない業界を去る人が増加するのは必至だったのだ。

いまでこそわずかに医療報酬・介護報酬は上げられているが、団塊世代が一気に後期高齢者になる2025年以降には同じ状況になるとはかぎらない。というか確実に医療・介護従事者の待遇は悪化するだろう。そうなってしまう前にさっさと逃げるのが労働者にとっては得策といえば得策なのである。

医療や介護は他の民間企業と異なり、デフレと人余りを前提にして、なおかつ政策的に莫大な公金が注入されることで人を集めていた特殊なエコシステムを前提とした業界である。インフレと人手不足の時代に入り、また政策的にも今後は社会保障費の大規模な見直しが迫られる状況とあっては、これまでのような担い手を安定的に供給することは困難になる。

今回NHKが報じた「職員の大量退職によるオペレーション維持不能」という出来事は、孤発的・個別例外的なものではない。これから日本全国の医療・介護・福祉施設では頻繁に発生することになる。各種施設を利用したくてもできない「順番待ち」が街々には大量に溢れ、また施設でもマンパワーが足りなくなって利用契約を打ち切らざるを得ない状況が頻発するようになる。こうした光景が、２０２０年代後半の新しい日常風景になる。

かれらは２０２０年のコロナ禍からは、この国の社会生活のインフラを守る役割を担う「エッセンシャルワーカー」のひとつと呼ばれるようになったが、しかし皮肉なことにかれらのような「エッセンシャルワーク」の担い手を大量に供給していたのは、この国の「失われた30年」と呼ばれた長引くデフレ不況だったのである。

高齢者と障碍者がぶつかり合うとき

そしてもうひとつの論点は、これからの時代に介護・福祉事業者が人手不足に陥ったとき、そのしわ寄せを先んじて受けることになるのは高齢者ではなく障碍者であり、しかも小児支援の分野であるということだ。

この社会でたとえば社会的・身体的弱者を支援し包摂する「介護・福祉」と一口に言っても、その財政的・人的リソースは高齢者と障碍者が同じ「弱者」のバスケットに入れられて配分を受けることになる。高齢者も障碍者も、どちらも社会保障費をベースに運営され（なんら公金に頼らずに完全に自費運営している事業者はほとんどいない）、また従事者も介護福祉士とか社会福祉士といった専門職が配備されることになるが、かといって「高齢者専門の介護士」「障碍児専門の社会福祉士」「小児専門のリハビリ職」といった区分けが存在しているわけではない。

高齢者と障碍者が同じ「弱者」として福祉リソースを取り合ってしまえば、政治的にも行政的にも制度的にも社会的にも、前者がそのほとんどを持っていってしまっており、とくに遺伝子疾患や知的障碍児などに対する医療的・福祉的ケアは大きく不足している状況がある。

私はこの状況をあまり健全であるとも思わないし、もっといえば公正さにも著しく欠いている歪《いびつ》な状況であるとすらいえる。というのも、高齢者と障碍者を同じ「弱者」のカテゴリに入れること自体が冷静に考えればおかしいからだ。高齢者はだれもが生きていれば100%引き受けることになる「老化現象」であるが、他方で障碍者（障碍児）はそうではない。これはいわば、この社会で産み育てようとしてくれた人びとに一定数発生してしまうかもしれない不測の「リスク」である。

だれもが加齢によって避けては通れない「老化現象」と、産み育てようとしてくれた人が偶発的に引き受けることになるリスクとを並列させ、同じ財布・同じ人員で処理させようとすれば、政治力でも発言力でもけた違いにボリュームが大きい

「老化現象」側の福祉を求める声が圧倒的に勝ってしまう。今回のように人手不足の憂き目を真っ先に受けるのは、ただでさえ現時点でもすでに手薄な障碍児ケアということになる。

「ケアリソースの枯渇」が障碍児を持つ家族を孤立させる

ときおり、知的障碍児を持つ家族が虐待死させてしまう凄惨な事件（＊2）が世間を騒がせる。そのときには世の中の人びともメディアのコメンテーターも口々に「なんとかしなければ」とか「地域で見守り、寄り添う社会をつくらなければ」などともっともらしいことを言う。だが、本当にそう思うのなら、「福祉リソースの奪い合い」が起こってしまっている現実から目を背けるべきではないだろう。

こうした哀しい事件は、本来なら防げたものがいくつもあるのだ。高齢者と障碍児が同じ「弱者」として雑にカテゴライズされ福祉リソースを取り合いそして前者にそのほとんどが集中している状況さえ改善されれば。

医療や介護や福祉の従事者がこの業界から去っていき、ただでさえ少ない人員と乏しい予算でやりくりすることが必至となっている状況で、いまのようなリソース配分が続けられるようでは、障碍児を持つことのリスクはますます家庭が引き受けることになる。それは社会的に不公正なだけでなく、「産みたい」と思っている人にも大きなプレッシャーになってしまう。

障碍のある子がいても、その子も親も幸せに暮らせるような社会環境を整備することは、社会全体の厚生を高めるという意味でも、差別をなくすという意味でも、社会の持続可能性に協力してくれた人に対してあろうことか「罰」を与えるような理不尽な状況を是正するという意味でも、出産することのためらいや恐怖を緩和するという意味でも、さまざまな意味で必要不可欠なものだ。

ＮＨＫが報じた衝撃的なニュースは、これから日本が直面する未来の光景の予告編として見ることができるし、なおかつ「インフレと人手不足」や「社会保障費のひっ迫」によって、真っ先に切り捨てられるのは高齢者ではなく障碍児であるというメッセージを暗に伝えるものであるとも見ることができる。

こじつけを語っているわけではなく、これもまた「世代間対立」なのである。障碍児や障碍児の親たちはつまり若年層であるが、自分たちのための福祉リソースはろくに用意されず、そのほとんどを高齢者によって消費されてしまっている。

今後、財政的・人的リソースがますます先細っていくなかで、この対立軸は無視できないほど世の中に「歪み」として顕在化していく。

脚注

＊1　https://www3.nhk.or.jp/lnews/takamatsu/20240412/8030018199.html

＊2　**知的障碍児を持つ家族が虐待死させてしまう事件**：2020年4月、大阪市で3歳（以下、年齢はいずれも当時）の弟の腹部を踏みつけて死なせたとして長女（24）が逮捕された。一家は40代の両親と6人きょうだいの計8人家族。長女、母親（41）、長男（22）には知

的障碍があり、長女には父親からの虐待の影響と、母親から障碍者年金を母親にすべて管理されるなど心理的支配があったとされる。／同年7月、京都市で母親が重度知的障碍児の息子（17）を殺害した事件が発生。ひとり親の母親はうつ病を発症させていた上に要介護の親も抱えて生活は困窮。無理心中を考え息子を殺害した。／23年6月、神戸市の草むらで近くに住む6歳児の遺体がスーツケースに入った状態で発見。殺害などの容疑で母親（34）、叔父（32）、双子の叔母（30）が逮捕された。4人のうち複数人に知的障碍があったとされ、死体遺棄後の4人は同居していた祖母（57）を自宅に閉じ込め、京都や大阪を渡り歩いていたという。

ジェネレーション・ロスト

「ロスジェネ世代」への逆風

およそ1970年から1982年前後に生まれ、1990年代後半から2000年代にかけて高校や大学を卒業して就職を迎えた人びとのことを「就職氷河期世代」あるいは「ロスジェネ（ロスト・ジェネレーションの略）世代」と呼ぶ。バブル崩壊後の不況によって急激に雇用が落ち込み、派遣労働やフリーターといった不安定な雇用環境で生活することを余儀なくされた人が続出した世代である。

バブル崩壊後の「失われた20年」と呼ばれた長期停滞期のなかで、かれらはまさに「時代の不遇」を一身に受けたにもかかわらず、その苦境は長らく放置され、政治からも行政からも市民社会からも見過ごされたまま今日に至っている。

……いや、見過ごされているという記述は生ぬるいかもしれない。それどころか、いままで以上に厳しいまなざしを向けられるようにさえなってきている。

というのも、就職氷河期世代の人びとが、これまで味わわされてきた苦境や冷遇を世に訴えかけ、社会的支援や救済を求めていることについて「いつまでも要求ばかり。子どものままで成長がない」とか「冷遇だとか不遇だとかぐちぐち言うな。いい加減大人になれよ」などという批判があがりはじめているからだ。

この批判は、かつて就職氷河期世代を見棄てた上の世代からはもちろん、20代や30代の若い世代からも「いい年をした大人なのに、いつまでも社会や他人から助けてもらおうと、子どものように甘えている」といった厳しい意見が出はじめている。

就職氷河期世代への批判的論調にしばしば共通しているのは、かれらの持つある種の「幼さ」についての指弾である。

就職氷河期世代の「幼さ」

就職氷河期世代が「幼い」というのはつまり、「年齢相応の社会的責任を負っているように見えない」といった批判である。これ自体は、たしかにまったく妥当性に欠く言いがかりというわけではないように見える。むろん全部が全部そうであるとまでは言わないが、私の個人的観測ともある程度は一致する。

就職氷河期世代の中核は２０２４年現在ではおよそ40代後半、先頭は50歳に差し掛かっていて、名実ともに「中高年層」であるのだが、たしかにかれらと話していると「いつまでも若々しいな」という印象をしばしば受ける。

もっとも、断っておくがそれは見た目のことではない。見た目だけを切り取ってみれば、だれだって当たり前だが白髪も増えたり体型も崩れたりして「年相応」に見えることがほとんどだ。そうではなくて、言動やメンタリティーがどこか若々しいのである。近頃の20代の若者と話をすると、むしろかれらの方が就職氷河期世代よりもずっと老成していることもあるように感じるくらいには。

40代後半や50歳という、世間的に見れば立派な中高年層のステージに突入してもなお、かれらがまるで高校生や大学生のような感覚で若々しい――あえて悪しざまにいえば年齢不相応な「幼さ」をまとった――独特の雰囲気を持っているのが散見される。これはなぜなのだろうか。

年を取れば自動的に大人になれる――わけではなかった

思うに、かれら就職氷河期世代には、これまでの世代のように「大人」になるための〝通過点〟を、社会が十分に用意してくれなかったのだろう。

たとえば働き口だ。１９９０年代に突如として就職氷河期がやってくるその直前まで、だれもが正社員で働き口を見つけられると素朴に信じられるくらいの社会的状況が整っていた。だがご存じのとおり、かれらは社会人として世に出る目前にしてその梯子を外された。幸運にも正社員の働き口にありつけた者もいたが、しかしそうした雇用のイスが用意されず、非正規やフリーターで食いつなぐことを余儀なくされた人も少なくはなかった。

日本の企業社会における「会社組織のメンバーとして年功序列的にステップアップし、30代や40代でそれなりに責任のあるリーダー的な立場を任される」――というロールモデルを得るには、やはり正社員であることが前提となっている。そしてこの「責任ある立場」というロールモデルこそが、ある人を世間でいうところの「大人」として成長させていた。逆にいえば、正社員としてキャリアを積み上げて「責任ある立場」を得るチャンスが十分に提供されなかったことで、かれら就職氷河期世代は「大人」になる機会を逃してしまった。

さらにいえば、その後も数十年間にわたって景気は回復することがなかったせいで氷河期以前の水準まで採用枠が持ち直すこともなかったばかりか、かれらの後進世代からは急速に少子化が始まっていた。その結果として、苛烈な就職難をなんとかかいくぐって企業に正社員として雇われた人でさえも、なかなか「自分を慕う後輩」がやってこなかったのだ。何年働いても、自分がいつまでも「フレッシュな若手」として扱われる日々が、それこそ30代半ば、場合によっては40代に入っても続いていた。

つまりかれらは、そもそも正社員の雇用のパイが絶対的に乏しくなったせいで「責任ある立場」に進める門戸が狭かったばかりか、運よく正社員になったとしても「頼りにされる先輩」というポジションや自認も得られないという二重苦に陥っていた。そのような情況では、ひと昔前（高度成長期やバブル期）に30代半ばになっていた人びとが醸し出していたようなある種の「貫禄」をかれらが同じように持つのは土台無理な話だ。

人間はだれもが年を重ねれば自動的に大人になれるわけではない。この身も蓋もない事実を、しかし日本社会は長年において認識できなかった。かつての時代には

「大人になるイベントがだれに対しても適切適時に用意されていた」からだ。あたかも年を取った人がみな自動的に大人になっていたように見えてしまっていた。そのような「大人になるイベント」が根こそぎ失われてしまえば、年齢的には大人なのに、内面的には幼いままの人が増えるのは必至だった。

逆に近頃の若者たちが妙に老成しているのは、かれらが「企業社会に入り、そこでコツコツと上を目指す」ではなく「自分たちの小さなグループをやりくりしていく」という小さな共同体主義的なライフスタイルに傾いているからだ。そこでなら自分たちが「コミュニティを切り盛りする」という立場で責任を負うし、後輩の世話をする役割も生じていく。かれらはかれらで、若い時間をエンジョイできず、強制的に大人になることを強いられているようにも見える。

就職氷河期世代は、いまの若年世代と比べて、そうしたコミュニティ的な「横のつながり」も希薄だ。なぜなら「正社員の座をつかみ取った勝ち組/ずっと非正規を渡り歩いた負け組」では、所得面はもちろん、社会観や政治観にも大きな分断構造があるからだ。世代内における「勝ち組」側は、対岸にいる「負け組」に対しては必ずしも同情的ではなく、かといって「負け組」も同じ境遇の者同士で連帯して共同体をつくることもなかった。

サブカルチャーが、かれらを「永遠の若者」にする

また、かれら就職氷河期世代について特筆すべきもうひとつの重要な点は、かれらがいまもなおサブカルチャー・コンテンツ産業にとっては「上客」であり続けていることだ。

マンガにせよアニメにせよゲームにせよ、ここ最近の日本のサブカルチャー・コンテンツ業界は就職氷河期世代が多感な青春時代に熱中したであろう往年の名作の「復刻（リメイク）」を連発している（＊1）。

それはかれらが、この国で急激な少子化が起こる前夜に生まれた「最後のまとま

った人口ボリュームのある世代」だからでもある。コンテンツ産業にとっては、かれらの就職氷河期世代のノスタルジーを刺激する作品を現代に復刻することは、潜在的な顧客の規模が大きくコマーシャル的な期待値が高いことから、まったくの新規タイトルをゼロから開発するよりも商業的に優先されやすい。

しかしこのような「ノスタルジックなコンテンツのリバイバル」を提供する側の大人の事情が、コンテンツを消費する側の就職氷河期世代にとって「いつまでも自分が先端カルチャーの主役だ」という自意識の醸成に意図せず寄与してしまった。

マンガやアニメやゲームのトレンドが（年を重ねるごとに）自分の好みとはズレていき――ようするに、ついていけなくなって――人はそうしたコンテンツから「卒業」していくのが世の一般的な流れだ。しかし就職氷河期世代はつねに「リメイク」や「リバイバル」と称して自分たち好みの作品を一定量供給されていた。業界からはずっと自分たち向けのコンテンツが提供され続けているからこそ、かれらはマンガやアニメやゲームを「子どもが楽しむものにすぎない」と距離をとって卒業する機会がなかったのだ。

もちろん就職氷河期世代内（主として勝ち組側の人びと）では、年相応に結婚や子育ての話題に主たる関心がうつっている人もいる。しかしそうした「家庭人」としてのロールモデルを得られなかった人は、コンテンツ産業によって「終わらない青春時代」を擬似的に体感させられ、今日も「コンテンツ・カルチャーを全力で楽しむ人」のようなフレッシュで若々しい雰囲気を醸し出している。つまりライフステージの二極化が著しくなっているのだ。

かれらは「大人になることを拒否した」のではない

冒頭でも述べたとおり、昨今の世の中では、就職氷河期世代の「幼さ」「社会的責任感の希薄さ」に対する批判が起こり始めている。

だが、ここではっきり断っておかなければならないのは、かれらは「大人になるのを拒否した」のではなくて「大人になる機会を与えてもらえなかった」のである。ゆえに、かれらの「幼さ」をピーターパン症候群とか青い鳥症候群などと呼び蔑《さげす》むことは妥当ではない。

人間は年を重ねれば自動的に「大人」になるわけではない。社会が相応のステップと役割を用意しなければ、だれだって「肉体的には大人だが、精神的には子どものまま」になる。たまたまそのような時代の不運に遭遇してしまったかどうかの違いでしかない。

1970年から1982年ごろに生まれただけの人びとを「永遠の若者」にしてしまったのは、そうした社会的なステップと役割をなんの前触れもなく奪ってしまった社会の側だった。

日本社会は、バブル崩壊直後の不況によって生じた損失の埋め合わせのために就職氷河期世代のキャリアを犠牲に捧げ、大人になる機会をまんべんなく配ることを放棄して、そうしてなんとか失われた20年を耐え抜いた。そしてその後は「人口的に多く、まとまった利益が期待できるから」と、かれら就職氷河期世代に刺さる作品をつねに提供しつづけている。それはいうなれば、社会の都合で「あなた方にはぜひ、子どものままでいてほしい」と要望された結果としての「幼さ」なのだ。

脚注

＊1　**「復刻（リメイク）」**：漫画『SLAM DUNK』（1990～1996年に連載）が映画『THE FIRST SLUM DUNK』（2022年公開。2024年再上映）。漫画『るろうに剣心』（1994～1999年に連載）が再アニメ化『るろうに剣心―明治健脚浪漫譚―京都動乱』（2023年放映。2024年10月、2期スタート）。漫画『魔法騎士レイアース』（1993～1995年）は2024年に新アニメ化プロジェクトを始動。RPG『FINAL FANTASY Ⅶ』（1997年発売）が『FINAL FANTASY Ⅶ REMAKE』として2020年発売。同『ドラゴンクエストⅢ　そして伝説へ…』（1988年発売）のリメイク版が2024年11月発売予定。

NETFLIX
なんで今死ぬの?空気読んでよ。

GALA
GALA
ぽんぽん船

第3章 若者と倫理

- かつてチャリで来た少年
- 恋愛を恐れる若者たち
- かぶき者が消えていく
- 知性の行き詰まり
- 体験格差の時代

かつてチャリで来た少年

伝説のネットミームの後日譚

「チャリで来た」

――2000年代のインターネットで生まれ、現在まで世代を超えて息長く愛されるこのネットミームをご存じだろうか？

これは地元の少年野球の仲良しチームだった中学生の男の子たちが、自転車で長距離を移動して買い物に出かけたのを記念して撮影されたプリクラがなんらかのきっかけでインターネットに流出し、当時最大級の利用人口規模を誇っていたネット掲示板「2ちゃんねる」を中心に大きな注目を集めたものだ。

彼らの無邪気な思い出のワンシーンは、しかしネット上では「おバカ画像」として出回ってしまった。私も当時この画像がネットの広大な海を拡散しているまさにそのときを目《ま》の当たりにしていた。恥ずかしながら、御多分に漏れず、私も彼らのことを笑い「恥ずかしい思い出をつくってしまったヤンキー」として見てしまっていた。

だが、2020年代に入って「チャリで来た」に写っていた少年のひとりがテレビメディアの取材に応じ、現在では会社を経営する立派な青年に成長している姿を見ることになった。

伝説のネットミーム「チャリで来た」
（※元画像をベースに作成・加工）

取材のなかで彼は、「チャリで来た」のプリクラが流出し、インターネット上でもはや消し去ることが不可能なミームになってしまった出来事は、かつては「消し去りたい過去」だったと語っていた。しかしネットミーム越しに彼とその仲間たちのことを嘲笑していた人も、現在の彼の姿を見れば、だれひとり馬鹿にできないはずだ。

大人になるために必要なステップ

私が「チャリで来た」の少年の現在の姿をネット上で伝えたところ、やはり知らなかった人が多かったようで、大きな反響があった。

「御田寺さんが『チャリで来た』の青年のその後を紹介しているのを見てショックを受けた。昔はかれらのことをイキがったガキだバカだと笑いながら『自分の方が大人だ』と見下していたのに、いつのまにか逆転されてしまった」

と、我が身を羞《は》じるような声も私のもとに多数届いていた。なんとも切ないコメントだが、重要な示唆を含んでもいるだろう。というのも人間にとって「若気の至りでイキがる」といった経験は自分自身にとってはいますぐ記憶から消し去りたい恥ずかしい過去になってしまうこともあるだろうが、しかしおそらくはひとりの人間が「大人」になるためには欠かせない、一種の通過儀礼的なものなのだろうと考えるからだ。

中学や高校で「チャリで来た」の少年たちのようなイキがる雰囲気をまとったヤンチャなグループというのは、きっと皆さんの思春期にも少なからずいたはずだ。かれらを遠巻きに静観して、あるいは冷笑的に見ているばかりだった人びとは、たしかにその瞬間だけを切り取ってみれば、かれらよりずっと分別のある大人に見えるかもしれない。だがそれは厳密にいえば、やり場のないエネルギーに翻弄されるような若々しさを欠いているだけであって、じつは人間的な深みや成長を先取りしているわけではない、ということなのだろう。

イキがっていた、ときには過ちをおかしたヤンチャな少年たちの方が、その後は手に職をつけて仕事をして、結婚して子どもをつくり、マイホームを建て——といった具合に、手堅いライフイベントをこなして早々に大人へと変わっていく一方、高校卒業をきっかけにして（人間関係をリセットするかのように）東京などの大都市に移り住み、そのまま地元に戻らずに過ごしている人たちの方がある種の「幼さ」を保ったままであるというのは、肌感覚としてもかなり納得感がある。

　ようするに人間は、年齢を重ねたからといって自動的に大人になるわけではなく、相応の「イベント」をこなさなければそのまま年を取った子どものような存在になってしまうのだろう。その「イベント」というのが、たとえば中高生の時分のイキがりだったり、あるいは成人式だったり、地元の先輩後輩のタテ社会の経験だったり、結婚して所帯を持つことだったり、ローンを組んでマイホームを建てることだったりするということだ。

「自分は自分ひとりで、自分ひとりのために生きているのではない」という実感をわかりやすく与えてくれる機会こそが、人を本当に成長させて大人たらしめるのだろう。

いま東京には、年齢ばかりを重ねた「年を取った子ども」のような雰囲気をまとった人が大勢いる。年を取ってあとからこの街にやってきた人にとって、東京はそうした「イベント」の欠如した街だからだ。先輩後輩的なネットワークもなければ、地縁的つながりもない。恋愛や結婚もないから、家を建てることもない。各地から分断された「個」が寄り集まって、東京という巨大な街は成り立っている。

年齢にとらわれることなく、いつまでも若々しい気分で、自由気ままな個人として過ごせる街だと言えば聞こえはよいが、30代や40代の人がなおも「自分探し」や「おしゃれなデート」にこだわっている様子は、地方で暮らしている同年代の人から見れば「いい年してなにやってんだこの人たちは」と見えてしまっても不思議ではない。

真面目にやってきた人の「モヤモヤ」感

しかしながら、こうした意見に釈然としない気持ちを抱えている人もいる。

かつてイキりにイキっていた連中の方が最終的に成長も早く、人生のステージを着実に上がっている——というのは、そうしたイキがりやヤンチャをやらず、真面目をモットーに生きてきた人からすれば、どう考えても公正な判断には見えないからだ。「若い時分に世の中や他人により大きな迷惑をかけていたのはアイツらの方なのに、迷惑をかけずに真面目に過ごしてきた（ともすれば学歴だってかれらより高い）自分たちの方がライフステージを前に進めることに難渋しているなんてアンフェアじゃないか」と。

しかしながら、こう書くと矛盾しているようにも思えるかもしれないが、「他人に迷惑をかける経験」を持ち、またそれを自覚的・自省的に振り返ることこそ、ひとりの人間が大人になるために大切な要件のひとつなのだろう。

「他人に迷惑をかけない、他人を傷つけない」ということを第一義的に考えながら生きてきた人は、たしかに「いい子」ではあったかもしれない。しかしそれは必ずしも「いい大人」とはイコールではなかった。なぜなら人間が一人前の大人になるとは、「加害者になる」という側面を不可避的に持っているからだ。

社会に出て、だれかと競争し、責任を引き受け、決断をする、そうした主体性は私たちにとって必要なものだが、しかしどこかでだれかを傷つける。競争に参加すれば、そこには必ず勝者と敗者がいる。だれかを選ぶことは、だれかを選ばないことを共起する。私たちは行動するたびに加害者になる。ときには加害者になることを厭わず行動しなければ、その覚悟を持たなければ、立派な大人にはなれない。

自分に「加害者性」が生じるのを忌避し、被害者的な立場であろうとするかぎりにおいて、私たちはたしかに「ただしさ」を失わない。しかしそのままでは、いくら年齢を重ねても「子ども」の世界に留め置かれてしまう。

「昔はヤンチャしたけど今は更生した」という人なんかより「ヤンチャなどせず真面目にコツコツ生きていた人」の方がずっと偉いのだ――という主旨の言説もま

た、今日のインターネットでは広く支持されている。有名な漫画作品『こち亀』のあるエピソードにも同様の描写がある。そのエピソードに登場した「かつてはワルだったのに更生した青年」を周囲の人が「えらい」と褒めるなか、主人公の両津勘吉だけはそのような声に同調せずに反論する。「えらい奴は最初からワルなんかにならない。こいつはようやくまともな人と同じラインに立っただけ」だと。両津が強い口調で「元ワル」の青年を擁護する周囲の人びとを批判し論破しているカットはそのままネットミームになっている（＊1）。

しかしおそらく、世間一般の人も「かつてはヤンチャだったけど更生した人の方が偉い」と理由ははっきりしないがなんとなく思っているはずだ。ずっと昔から一貫して「善い子ちゃん」だった人より、「もともとはヤンチャでワルだったけど、いまは立派な社会人になった人」にこそ、人間的な深みや魅力を感じる――世間の人びとが往々にして持っていたそのような感覚は思いのほか的外れだったのではなく、実際後者の人びとの方が「成熟した大人」に見えたのだろう。

「チャリで来た」当時の彼は、プリクラに写るその姿を見るかぎり、間違いなく「ヤンチャ」をしていた人だっただろう。だが、そういう人だったからこそ、立派な青年となった現在の姿がある。そう思わずにはいられない。

「いい子」が求められる「イベント」のない時代

ご存じのとおり、いま東京圏に若年人口が集中している。

「東京から地方への移住ブーム」があると言われているが、それはあくまで局所的なものであり、全体的な傾向としては東京への若年層の流入は今後も止むことはない。そして地元を離れて東京に若者が集まるにつれ、若者たちが年齢を重ねてもなお子どものままでいる期間が昔より長くなっている。

しがらみのない自由な街である東京で暮らす若者が増えていることで、一人ひとりの人生のライフコースも多様になっている。地縁血縁のしがらみもない、面倒な通過儀礼もない、快適な個としてしかし同時に次世代から生え抜きの「責任あるリーダー」がなかなか現れないこととコインの裏表にもなっているだろう。

東京にかぎった話ではない。街々からは子どもが遊ぶ場所が消え、荒れた学校もなくなり、追い討ちをかけるようにコロナ禍がかれらを襲い、友人同士で街に繰り出して少しばかりの「ヤンチャ」をするような機会もイベントも失われてしまった。「いい子」でいることばかりに導線が敷かれているこのような状況で、いったいどうやって「大人になれ」というのだろうか。

私たちは普段、仕事でもプライベートでも、後輩を迎えるときには「いい子」ばかりを可愛がってしまいがちだ。この時代にめずらしい「ヤンチャ」な子を見るとぎょっとして、「こんな奴はけしからん！」と爪はじきにしてしまうこともある。恥ずかしながら、私自身にもそのような心当たりがある。

だが、本当にそれでよかったのだろうか？

私たちはあまりにも、自分たちにとって都合のよい「殊勝」な姿を、これから世の中に出て活躍する子どもたちに求めすぎているのではないだろうか。

私たちが不愉快な気持ちにならず、なおかつ後進から脅かされずに過ごしたいというエゴによって、子どもたちをずっと子どものままにしてしまっているのではないだろうか。

脚注

＊1 『こちら葛飾区亀有公園前派出所』第42巻・P143〜146（秋本治・著／集英社、1986年）

恋愛を恐れる若者たち

「デート経験ゼロの20代男性」が4割の時代

4月、暖かな春がやってきた。春といえば、新しい出会いの季節である。寒い季節が終わり、街に繰りだした人びとが新しく交わり、そこで恋がうまれる。それは近年の日本でも、どこにでもある、当たり前の光景だった。この文章を読んでいる皆さんにも、そうした淡い思い出があるかもしれない。

……だが、現代社会の若者たちは、もう恋をしない。

令和4年版の『男女共同参画白書』によれば、20代男性のおよそ7割、女性のおよそ5割が「配偶者・恋人はいない」と回答し（＊1）、さらに驚くべきことに、20代男性のおよそ4割が「これまでデートした人数」についてゼロと答えた（＊

2）。

この国ではお見合いを利用した結婚がほとんどなくなり、恋愛結婚が基本となっている。そのため、当然ながら恋愛がなくなってしまえばそれに連動する形で婚姻数も減少してしまう。また日本は婚姻関係が出生にも強く結びついている（婚外子がきわめて少ない）ため、婚姻数の減少はそのまま出生数の減少にもダイレクトに影響する。

国としては少子化対策のため、若者たちにどうにか恋愛への積極的参加を促そうと頭を悩ませているようだが、いまのところ具体的な解決策はおろか、なぜ若者たちが恋愛しなくなったのか、その原因すら突き止められていないようだ。

恋愛意欲の低下

若者たちは恋愛をしなくなった。恋愛したいとも考えなくなった。

ただしそれは、お金がないからとか、忙しいからとか、そういうことではない。恋愛をすること、あるいはだれかとの恋愛関係が成就する確率を高めようと努力することそれ自体が、とくに男性にとって不道徳的で非倫理的な営みとなってしまっているからだ。

よりわかりやすくいえば、女性との恋愛関係が成就するまでのプロセスに「女の子からキモいと思われるかもしれないアプローチをしなければならない」とか「自分が好意を向けてしまうことで不快感や恐怖感を与えてしまうかもしれない」といった倫理的ジレンマが不可避的に存在しており、いまどきの若い男性はそれに耐えられなくなっているということだ。

女の子にとって「キモい」と感じられるかもしれないふるまいをすること、女の子の意に反してグイグイと押しつけがましく好意をアプローチしなければならないこと――それは現代社会の「女性が日常で味わう小さな被害にもしっかり気を配ろう」という社会的風潮に真っ向から対立する加害的な実践である。そのような行為になんらやましさを感じない、よほど神経の図太い人間でなければ恋愛に踏み出すことができないがんじがらめの状況になってしまっている。

よしんば社会の風潮や自らの良識にあえて逆らって加害的な実践をやりとげたところで、相手との関係が成就するかどうかもわからない。こうしたダブルバインドによる認知的ストレスがある一定のラインを超えたとき、若者たちにとって「恋愛はコスパが悪いからもういいや」となってしまったのである。

若い男性が恋愛をせず、デートもしない状況について、「どうせモテない人が騒いでいるだけだろう」といった批判の声も根強くある。たしかに、2000年代後半から2010年代にかけて20代だったゆとり世代まではどちらかといえば「女性からの要求水準に応じることができずに振られまくった結果としての恋愛離れ」という説明も可能だった。

しかしながら現在の状況はそんな生易しいものではない。ルックスにしてもコミュニケーション能力にしても社会的ステータスにしても十分に魅力的な資質を持つ、傍から見れば間違いなく女性からの好意を集めそうな、いうなれば潜在的な「恋愛強者」に見える人びとでさえ、恋愛という土俵に最初からエントリーしなくなっているのだ。

若い男性にとって女性との「恋愛関係」を目指すことによるうまみが減りしんどさが増す一方で、男同士の遊びの関係は昔と変わらない姿のままであることも、恋愛離れに拍車をかけた。男同士の遊びのなかでは、異性との恋愛のような倫理的葛藤を感じる必要がなく、リラックスしたコミュニケーションを楽しめる。結果として、男同士のホモソーシャルな絆にコミットすることで得られる〝楽しさ〟が相対的にますます大きくなっていった。女性との積極的なかかわりを避ける男性も、気が置けない同性の友人同士で開催するバーベキューになら積極的に参加する。

社会的望ましさ、道徳的ただしさ、人権感覚のアップデートなどを絶えず求められ、つねに「いい子」として暮らすことを内面化している大半の健全な一般男子にとっての恋愛は、政府が考えているよりもずっと「よくないこと」になってしまっている。

「トライ&エラー」すらできない時代

これまで述べてきたように、恋愛することそれ自体が不道徳的で反倫理的な営為となり、認知的にもストレスフルなのに、成功が十分に保証されているわけでもないという、若者たちにとってはきわめて「コスパ」の悪い営みになってしまっている。

わが国では2023年7月からの刑法改正により、旧来の「強制性交罪」から「不同意性交罪」に改められた。「望ましくない性的関係」に対する制裁を重くする流れもまた、若者たちにとっての恋愛の「コスパの悪さ」に拍車をかけている。

女性に対して侵襲的でも加害的でもなく、キモさや不快感も惹起しないようなスマートなコミュニケーションは、一朝一夕で手に入れられるものではない。数えきれないほどのトライ＆エラーによってしか獲得しえない。だが「エラー」がひとたび起こってしまったときに生じる法的・社会的な制裁を致命的なまでに高めてしまえば、当然だれもトライしなくなる。なにをもって「同意」とするのか、その線引きや基準がきわめて不明瞭なまま議論が進む不同意性交罪は、まさに「エラー」を致死的にする施策に他ならない。

不同意性交罪の基準のあいまいさについての懸念に対して、寺田静参議院議員は「後から何か言われたらどうしようという懸念が残るうちは行為に及ばなければいいだけです」とコメントしている（＊3）が、恋愛関係になって性交することができても、それすら（あとから両者の関係がのちに悪化してしまうなどによって）事後的に「あれはじつは不同意だった」と言われれば極大の法的・社会的リスクになってしまうような状況になれば、いったいだれがそんなハイリスクな営みにコミットするだろうか。男性は性欲でときに損得勘定がわからなくなるといっても、さすがに限度というものがある。

さらに根本的なことを言えば、「ありとあらゆるリスクを排除して、女性に対して加害的にならないよう細心の注意を払いながら、おそるおそる恋愛にコミットする細々とした態度の繊細な男性」に対して女性が好意を抱くかどうかはまったく別問題である。

……はっきり言ってしまえば、あまり好意を抱かないだろう。あえて言葉を選ばずいえば、そんなみみっちい男のことを、女性は魅力に感じないはずだ。

「いちおう確認だけど、これはセーフだよね?」「後でトラブルにならないために尋ねるけど、これは合意だよね?」「念のために訊いておきたいんだけど、これって嫌じゃないよね?」など、いちいち言質を取るような男性のことを喜ばず、それこそかえって「キモく」感じてしまうこと請け合いだ。これは女性にとって、男性との恋愛関係で得られる「楽しさ」を減らすことになり、結果的に男性との恋愛に対して魅力を感じなくなってしまう。

「倫理的孤立」を選ぶ私たち

戦後日本に輸入されてきたリベラリズムは「イエ」を批判しながら、妙齢の男女には自由で解放的な機運のもとで自由恋愛を推奨し、結果として自由恋愛ではパートナーをきっと見つけられないであろう人びとのための受け皿として機能していたお見合い婚を潰した。

お見合い結婚を潰して自由恋愛を推奨し、世のなかの妙齢男女を全員「恋愛結婚（≒恋愛関係を婚姻の前段階の手続きとした結婚）」の市場競争に参加させておきながら、今度はその自由恋愛さえも「異性（とくに女性）に対して加害的にふるまうことは許されない社会悪である」という倫理的ハードルを高めて潰してしまおうとしている。こんな愚かなことがあるだろうか。

私たちはいま、ただしくあろうとするがゆえにだれともつながりあえない、倫理的な無縁社会をつくろうとしている。

春の暖かさに誘われて街に繰りだしても、人びとは視線を合わさず、言葉も交わさない。何十、何百、何千、何万もの孤立した個がそこにいるだけだ。

脚注

＊1 https://www.gender.go.jp/about_danjo/whitepaper/r04/zentai/html/honpen/b1_s00_02.html

＊2 https://www.gender.go.jp/about_danjo/whitepaper/r04/zentai/html/zuhyo/zuhyo00-38a.html

＊3 https://twitter.com/teratashizuka/status/162889667545272320

かぶき者が消えていく

東京オリンピックの亡霊

少し前の話になるが、東京オリンピックの公式記録映画の総監督を務め、2025年に開催予定の大阪万博のプロデューサーのひとりに就任している映画監督の河瀬直美氏が、撮影中のスタッフの腹を蹴るなど「暴力トラブル」を起こしていたとされる記事が週刊文春によって報じられた。河瀬氏は文春側の記述自体を否定することはなかったものの、同誌の取材に対しては「すでに当事者間で解決した問題である」としてコメントはしなかった（＊1）。

河瀬氏といえば、ロシアがまさにウクライナに侵攻している真っただ中に行われた東京大学の入学式の祝辞にて「そうして自分たちの国がどこかの国を侵攻する可能性があるということを自覚しておく必要がある」と述べ（＊2）、物議を醸したことでも記憶に新しい。祝辞を読むかぎり、私は氏を平和主義的なアイデアの持ち主だと思っていたのだが、身をもって暴力の「恐ろしさ」を知っているからこその言だったのかもしれない。

言ってしまえば「芸事」とは……

映画界・芸能界はいま、業界内に宿痾《しゅくあ》のごとく根付いてきた「性加害」の問題がクローズアップされ、大きな波紋が広がっていることは周知の事実だ。しかしながら、問題の焦点は性的暴力だけに絞るべきではないだろう。というのも、先述したように、殴る蹴るといった物理的暴力、あるいは罵声を浴びせるといった精神的暴力も日常的に繰り返されている業界だからだ。

映画を含め芸能という職業の領域は、一般的な社会通念から逸脱した「かぶき者」が集まりやすい基本的な性質を持っている。この業界の通奏低音としてある社会的逸脱の傾向性が、ある時には性的暴力として、またある時には物理的暴力や精神的暴力といった形をとって噴出し、顕在化する。

私の友人には、芸能の世界に進んでいった者がいるが、明るみになっていないだけの社会的逸脱行為は依然として数多く存在していることを以前から聞かされていた。その友人はそれが嫌で「日本の芸能界」からは距離を置いた場所で活動するようになってしまったのだが。

ただし芸能界が大なり小なり「かぶき者」の集積地であることにもそれなりの社会的な意義があった。というのも「かぶき者」が集まるということはつまり、普通に暮らしていては社会の常道から逸脱してしまうアウトサイダーたちの受け皿ともなっていたことの裏返しでもあるからだ。

いつの世も「芸事」は、世間の人びとが「普通」と呼ぶ概念に背を向けて生きてきた者たちに寄り添い、包摂の場を提供していた。江戸時代には「芸事」は被差別民に食い扶持《ぶち》を与え、あるいは戦後日本の芸能界が暴力団と切っても切れない関係を保ちながら、その歴史を歩んできた。

いうなれば、社会に行き場を失った者たちがそのまま沈んで消えるのではなく、再び輝く場所を与えてきたのも「芸事」の世界だった。かりに野に放たれてしまえばどうしようもない者でも、世間で悪さをせず、それどころか世の中にエンタテインメントを還元することができるという点でも、「芸事」の持つ影の側面には相応の意味があった。

しかしながら、時代の流れがそれを許さなくなっている。いま業界は急速に「浄化」の一途を辿っていて、物理的にせよ性的にせよ精神的にせよ「暴力」はけっして許されないこととして非難される。暴力団を含めいわゆる「反社会的勢力」とのつながりが明るみになれば、問答無用で一発退場、業界からの永久追放である。

世間がどんどん「品行方正」「清廉潔白」を重視するようになっている。芸能界もその風潮に合わせていま大きな自浄作用を働かせようとしている。このような社会的動向があるからこそ、いま次々と「見過ごされてきた加害者」の名前が挙げられるようになっている。これからも、名の知れた大物が次々と「加害者」としてメディアにクローズアップされ、そして追放されていくことになるだろう。しばらくこの流れがやむことはない。

「きれい」でなければ門すらくぐれぬ若者たち

友人が私に語ってくれたことはそれだけではない。

すなわち、ここ最近に芸能界を揺るがしているさまざまな「加害事件」の首謀者とされる人が、40歳より上のいわゆる「ベテラン」とされる人びとに偏っていることは偶然ではない——と。

40代以降の人びとは、そうした「社会的逸脱」が業界の雰囲気として温存され、許されていた最後の世代であった。30代では一気に少なくなり、20代以下になるとほぼ完全にいなくなる。世代が若くなればなるほど、そもそも業界の入口の時点で「かどうか」を厳密に審査されるからだという。

「最近の若いタレントやアイドルの人、ユニークな苗字の人が多いんだけど、あれも狙いがあるんだよ。本名のまま仕事をするとして、その苗字なら一般の人に覚えられやすいってだけじゃなくて、伝統的な苗字は名家の生まれだったりする確率も高くて、また親戚筋をあたったり、出自を調べやすいからっていうのもある」

そう語ってくれた友人自身も、両親が名の知れた企業の役員で、自身は小学校から私立名門校の出身であり、「芸能」の世界がかつて抱えていたアウトサイダー的な要素は1ミリも持っていない。事務所の同期たちもみな一様に友人と似たような出自やバックグラウンドを持っていたという。実家が裕福で、文化的素養があり、高い学歴があって、社会常識がしっかり身についている——まるで大企業が欲しがる健全な若者ばかりが「芸能」の道に迎え入れられる流れが加速している。

芸能事務所はきれいな者を最大限の努力で選別し、どれだけ容姿や才能にすぐれていそうでも「かぶき者」の臭いがする者を排除しようと躍起になっている。

もちろん、事務所側の審査の目がいつだって完璧というわけではなく、なかには巧みに「きれいな人間」を装ってその網の目をくぐってしまう者もいる。しかしそうした者も後々になってボロが出て、大事になる前に芸能界から追い出されてしまう。たいへんに人気がありなおかつ世間的にはなんのスキャンダルも聞かされなかったのに、ある時期からぱったりとテレビや映画に出なくなったタレントなどは、まさにこの「正体」が後からバレてしまったパターンであるという。もっとも、かれらだってひと昔前なら、そうした「正体」など明るみになってもとくに問題視されず、平然と芸能界に居続けることができたはずだ。

現代社会では、芸能界のような伝統的なアウトサイダーの居場所にさえ「浄化」の波が及んでいる。40代以上の「かぶき者」たちはいま、性的搾取をしただの腹を蹴っただの殴っただの反社とつるんだだのといって糾弾されて芸能界を追放される憂き目にあっているが、10代20代の「かぶき者」は、そもそも芸能界に足を踏み入れることすらできない。門前払いされる。

きれいになれない者たちの行く末

自分がこうした逸脱行為の直接・間接の被害者ということもあってか、友人はこうした世の趨勢《すうせい》について「とても善いこと」と評していた。もっと早くこういう流れが起こるべきだったと憤ってもいた。私はその気持ちを理解しながらも、どこか煮え切らない思いもあった。

きれいになれない者たちの居場所は、いったいどこにあるのだろうか――と。

社会的逸脱はよくない。それはそのとおりだ。法治国家として、コンプライアンスが尊ばれる社会の成員として、これを見逃すことなどありえないだろう。それはわかっている。まったく正論だ。その流れは止めようもないし、止めるべきでないともいえる。今日よりも明日の方が「ただしい」社会になっていくことは、もはや必至だろう。

だが、社会的逸脱的な気質が、経済的にも文化的にも学力的にも教養的にも社会的にも人間関係的にも恵まれていない人ほど持っている性質だったとしたら――それは本当に、公平だといえるのだろうか。

私の友人は、生まれも育ちもやんごとなき人物で、逸脱やアウトサイダーなどとは1ミリも交わることのない人生を送ってきた。そうした人ほど世の中で「ただしい人」として評価され褒めそやされ、よりよい待遇、よりよい居場所を与えられる。

一方で、生まれや育ちに恵まれず、ただ精いっぱい生きていただけで「きたなく」なってしまった者は逆の評価を受ける――それが私には、とてもではないがフェアなこととは思えなかった。

いまテレビなど芸能界の最前線で活躍するタレントたちは、どんどん「ただしく」「きれいに」なっている。コメンテーターとして世間に物申したり、あるいは政治家になったりする人もいる。かれらはもともと「かぶき者」だったかもしれないが、業界の変動に振り落とされず生き残るために「ただしい一市民」として模範的になろうとしている。言い換えれば、そうした器用な転身ができる人――あるいは、最初からそんな転身をしなくても清廉潔白な人――でなければ、もはや生き残れない世界になっている。

生まれも育ちもよくない、自分が望んでそうなったわけでもない「はみ出し者」は、際限なく浄化されていく現代社会のなかで、どうやって自分の居場所を見つけたらよいのだろうか。最近はこのことをよく考えている。

私はいま、縁あって言論界で仕事をして、こうして皆さんに毎月文章を届けられている。語弊をおそれず述べれば、この世界はかつて芸能界と同じくらい「逸脱者」ばかりが集まる場所だったはずだ。ダメ人間の最後のフロンティアだった。まともな会社勤めなどできなさそうな人間が背水の陣でやってくる、社会不適合者の最終処分場だった。

しかしいまや言論界では、生まれも育ちよく、教養も文化も恵まれているような人間ばかりが選別され重宝されるようになった。かつて「逸脱者」としてこの業界に来た者は、後輩たちには「ちゃんとした者」ばかりを重用するようになってい る。かれらは自分が若かりし頃、先輩たちには「逸脱者」である自分をそのまま包摂してもらったのに、その恩を次世代に継承することなく、大企業のサラリーマンが勤まりそうな「物わかりのよい子」ばかりを可愛がっている。これは理不尽に思える。

いつまで「裁く側」でいられるのか

社会はますます倫理的になっている。

そのような時代において、自分のまわりに「かぶき者」を抱えておくことはたしかにリスキーだ。当人だけでなく、その者にかかわった者もまた、連帯責任を問われるからだ。

だが、遠ざけられたからといって、そうした性質を持つ人がこの世から塵のように消えてなくなるわけではない。ただ自分の視界から見えなくなるだけだ。

追放された「かぶき者」は、それでも飯を食って、明日を生き延びなければならない。どこかに寝床を見つけなければならない。そのためには仕事が必要だ。稼がなければならない。

では、いったいどこへ行けばよいのだろうか。

社会的逸脱を許さず、他者への迷惑行為も許さず、ハラスメントにあたる言動はつねに慎まなければならない、倫理的なハードルが際限なく高まる社会で、どうしてもただしくあれない者たちがいま、市民社会の「ただしさ」によって裁かれている。それに世間の人びとは快哉《かいさい》を叫ぶ。アイツらが適切に懲《こ》らしめられるようになり、世の中がよくなった。これからは、いままで明るみにならなかった問題を、私たちの意思でしっかり糾《ただ》していかなければならない――と。だれもがそうした「正義」に同意している。

正直に告白すれば、私はそうした流れに素直に賛同できない。

自分が「裁く側」にいつまでも立てる自信がなく、どちらかといえば「裁かれる側」の人間だからだ。

「裁かれる側」の世界で生まれ、「裁かれる側」の人間と多くかかわってきた私には、清くただしく美しい社会を、なんの疑いもためらいもなく求める人びとの姿が、日増しに恐ろしく見える。いつ自分に「裁き」の日がやってくるか知れないからだ。
とどまることなく「ただしさ」を追求する社会で、本当に自分がいつまでも「裁かれる側」にならないと、私たちはどうして考えられるのだろうか。

脚注

＊1（週刊文春『拳で顔面を殴打」東京五輪公式記録映画・河瀬直美監督が事務所スタッフに暴力』２０２２年６月２日号より引用） https://bunshun.jp/articles/-/54607

＊2（令和４年度東京大学学部入学式　祝辞より引用） https://www.u-tokyo.ac.jp/ja/about/president/b_message2022_03.html

知性の行き詰まり

イノベーションの時代を経て

ライト兄弟による動力飛行機の初飛行は１９０３年のことだった。彼らが飛ばした飛行機の飛行距離はわずか37メートルだった。人類がはじめて動力を携えた飛行機で空を飛んだその日からわずか60年ほどで、人類は空から宇宙に進出して、月面に降り立った。

エジソンがはじめて蓄音機を発明したのが１８７７年で、彼は童謡「メリーさんの羊」の一節を自分で歌って録音した。それから１００年後には井深大《いぶかまさる》（＊１）がウォークマンをつくり、世界中の人が高音質の音楽をボタンひとつでどこにいても楽しめるようになった。

19世紀から20世紀中盤ごろまでの人類の技術進歩は瞠目《どうもく》に値する。かりに19世紀中盤から20世紀中盤までの１００年を生きた人がいたとして、その人の目から見た人間社会の目まぐるしい変化は、まさしく「異世界」に突入したかのごとき光景だったことだろう。

しかしながら、現代に生きる我々はどうだろうか。

ずっと地べたを歩いていた人がいきなり空を飛んだかと思えば、あっという間に空のその先にある星に飛び立ったりしたかつての時代ほどには、劇的な技術革新が起きる世界を生きているわけではない。

ライト兄弟が空を飛んでからアームストロング（＊２）らが月面に降り立つまでの60年と、アームストロングらが月面に降り立ってから現在までの60年では、表記のうえでは同じ60年でもその変化の質的スケールは比較にならない。もちろん後者の60年も人間社会は進歩と発展を遂げてきたことはまぎれもない事実であり、新しい発明やイノベーションが登場しなかったと言っているわけではないことは明確に断っておく。

だが空や宇宙といった未知の領域にまで人類の版図を広げるような、ホモ・サピエンスが数十万年ともに歩んできた既成概念を覆す画期的変革はそれほど起こっていない。人の世にすさまじい変化をもたらした前者の60年間で生み出されたさまざまなイノベーションをブラッシュアップして、それを発展的に改良・改善・改築することには成功したかもしれないが、しかしそれまでだ。

言い換えれば、人間の創造性や知的能力が人間社会にとってそれほど大きなインパクトを持たなくなってきているということでもある。

人間の知性によってもたらされる技術進歩が「頭打ち（プラトー）」に達してしまったと断言するのは時期尚早かもしれないが、しかしその進歩の絶対的な速度は遅くなってはいる。

そのせいで、かつてなら人間社会の爆発的な進歩やイノベーションのうねりに参加しそれなりに貢献できていた秀才たち——とびぬけた天才というほどでもないが人並み以上には知的に優秀な者たち——は、そうした大局的な流れに参加できなくなった。知性で世の中に貢献することの相対的な難度が急激に上昇していったのだ。

そこそこの秀才がうねりに参加するのが困難になったその結果として、世の中になにが起こったか？

かれらは持て余したその知的能力を、ある種の既得権の形成や、あるいは既存のシステムから合法的にリソースを掠め取るような方向で利活用するようになってきている。世の中に変革をもたらしうる新しいものを生み出すために使うのではなく、すでにあるものからより多くの分け前を得るためにこそ、その優秀な頭脳を用いるようになっている。システムをひたすら複雑化させて、カネを右から左に動かしていく過程でお金を抜き取ったり、抜き取っているのがバレないような巧妙なスキームを考案したりと、そういったことに多くの心血を注ぐようになっている。

「そこそこの秀才」が役割を得られなくなった社会

いま世の中で大きな注目を集めている社会保障費の天文学的増大、離婚ビジネスと化している一部の弁護士業界、政治や行政に食い込んで公金を掠め取るような非営利団体などはまさに、人間社会の技術の爆発的進歩が落ち着き、行き場を失ってしまったそこそこの知性たちの生み出した徒花《あだばな》である。

100年前であれば、その知的創造性によって人間社会の景色にドラスティックな変化をもたらす立役者のひとりになれたかもしれない人びとは、21世紀にはそのような役割をすっかり得られなくなった。その代わり、大企業にせよ国にせよとにかく大きな予算規模を持つ者にぶら下がる形で細々としのぎを得るモデルやスキームを構築することに自身の賢さを活かすようになっていった。

それを責めているわけではない。そこその秀才では人間社会の大きな変化をもたらすことができなくなった状況では、そうするのが合理的だ。しかしながら、そういう癒着的方略で食い扶持を得る人が増えれば増えるほど、「自分の安堵していることが変わってしまうこと」をきらって、本当に人間社会を変えうる突出した才能をもった後進が現れたときにも、その才能を潰してしまう方向に動くようにもなってしまった。

たとえばライブドア事件はその象徴だったようにも見える。あの事件は世間的には「保守的な長老たちが、頭角を現した若い才能を潰した」という筋書きで解釈されがちだが、私の見立ては異なっている。人間社会の劇的な技術革新にはまったく貢献できなくなったエリートがもうすでに世の中にたくさん増えてしまったことのひとつの結果だったと解釈すべきだ。

皮肉としか言いようがないが、かつて人間社会を大きく変化させてきた知的創造性にすぐれた人たちは、その変化速度が頭打ちになるにつれ、「変化しないこと」にインセンティブを見出すような生き方に変わっていった。既得権を守る形で自身の知的能力を発揮してきた人たちからすれば、進歩にプラトーの兆しが見える現代社会で、世の中の利益構造を変えてしまいうるほどに大きな才能を持つ人はもはや邪魔な存在なのである。

人類の技術や社会構造の劇的な変化がなくなり、「進歩」に参加できなくなった知性は、人びとの日々の働きから合法的におこぼれを頂戴する仕組みをつくることに邁進《まいしん》するようになった。むろんそういう方向に邁進する人の数が少なければ別に問題はなかったかもしれないが、人間の寿命がここまで長くなってしまったのは想定外だった。人がなかなか死なない一方で、生産活動に尽力して「おこぼれ」を生み出してくれる若者の数が将来的に減少していく状況にあっては、もはや笑い話では済まなくなってきている。

変革を阻害する行き詰まった知性

世の中に実体的なリソースを生み出す人の数と、そのリソースをこっそり頂戴する人の数（知的エリート）とのバランスが合わなくなりつつある。

成熟しきった資本主義社会と技術革新においては、知的エリートはむしろ資本主義や技術競争とは逆行するような態度をしばしば示すようになっている。

進化生物学者であるピーター・ターチン（＊3）はこれを「エリート過剰生産」と呼んだ。社会が適切な形で包摂できる限界許容量よりも多くの知的優秀層が作り出されると、かれらは社会の進歩や発展に貢献するどころかその逆に作用しはじめる。排他的利権構造をつくったり暴力的反乱分子になったりと、政治的にも経済的にも社会的にも文化的にも不安定化をもたらす要素としての性質を強める。

ひと昔前ならば過剰生産されて行き場を失った知的エリート層は共産主義とか社会主義に抱き込まれるのが主流だったのかもしれないが、「進歩」のプラトーが迫る現代社会では、技術革新どころか世の中をひっくり返し得る新たな思想すら生まれなくなっている。共産主義や社会主義も、いってしまえば20世紀半ばまでに生み出された人間社会の画期的イノベーションの試みのひとつだ。理系のイノベーションが飛行機や宇宙ロケットなら、共産主義や社会主義は人文系のイノベーションに相当する。

いずれにしても、人文系のイノベーションすら起きなくなった今では、かつての時代なら「革命戦士」になっていたかもしれないかれらも、現代社会ではせいぜい行政をはじめとするさまざまな機関に入り込んで巧妙に自分の取り分を確保することに注力している。その方がコスパがよいからだ。

平和で安全で快適で自由な先進社会においては、頭の悪い人間がたとえば強盗や恐喝などの悪行をすることより、頭の良い人間がその知能により——既存の社会構造に寄生したり、排他的利権構造をつくったり、後進を潰して改革や変化を阻害する方向に行動するような形で——悪さをすることの方が、全体にとっての弊害は大きくなっていく。強盗や恐喝は法で裁くことはできるが、そこそこの秀才たちの「行き詰まった知性」によってなされるさまざまな行為は、それが明確な詐欺や横領などではないかぎりまったく合法であり正当化されるからだ。

エリートは合法的な「収奪」で稼ぐ

この宇宙で光よりも早く移動することはどうやら無理そうで、しかもその光は星間飛行をするにはあまりにも「遅い」ことがわかってきた。

光速を超える乗り物をつくろうにも、理論的にはその推力を得るためのエネルギーが無限大になってしまうため、人間はどうあがいても光速よりちょっと遅いくらいの乗り物をつくるのがこの宇宙のレギュレーションでは限界になる。私たちはもっとも近所にある恒星に行くのにすら、たとえ光の速さに遜色ない乗り物をつくっても4年以上もかかってしまう。往復するだけで8年が経過する。近場の宇宙よりも先に版図を広げるのは現実性に欠いている。

「この宇宙を支配する物理法則に則《のっと》る形で行えるイノベーションは、あらかたやりつくしたのではないか？（≒そこそこ頭の良い人たちが、昔より増えているわりには、昔ほどその使い道を失ってきているのではないか？）」

私たち人類には、その「どん詰まり感」が漂ってきている。

にもかかわらず、人間社会はどんどん大卒や大学院卒をよかれと世の中に送り出している。知的エリートでなければできない仕事は増えるどころか、今後はＡＩによってますます減ってしまうかもしれないのに、おかまいなしに大量生産している。

そこそこにすぐれた知性の行き場を用意できなくなった人間社会は、ピーター・

ターチンやフランシス・ベーコン（＊4）が述べたように、大きな社会不安に見舞われるのかもしれない。

だからといって武装集団や革命勢力が街や議会を蹂躙《じゅうりん》するような、目に見えて「荒れた」世界はやってこないだろう。そうではなくて、エリートたちが合法的かつ秘密裏に他者や社会から「収奪」して、その「収奪」ができる構造を守ることばかりに持ち前のすぐれた頭脳を活用する、そういう閉塞的な時代がやってくる。

近ごろのメディアでしばしば伝えられる政治家の横領とか、エリート国家資格職の不穏なサイドビジネスとか、非営利団体への利益誘導とか、補助金不正受給とか、そういった方向で「こっそり稼ぐ」ような人たちの姿は嘆かわしくはあるが、それと同時にホモ・サピエンスという種族の最大の強みであった「知性」の行き詰まりを表しているように見えてならない。

脚注

＊1 **井深大：**（1908～1997）盛田昭夫および社員二十数名で1946年、ソニーの前身となる東京通信工業を創立。独自の製品開発に専念する電子技術者としてソニーを世界的企業に伸長させた。60年以上前にAIによる自動運転システムの出現を予言した。

＊2 **アームストロング：**（1930～2012）アメリカ海軍飛行士を経て宇宙飛行士。1966年にジェミニ8号でアメリカ初の有人宇宙船でのドッキングを行う。1969年にはアポロ11号の艦長を務め、世界初となる月面探索を成功させた。

＊3 **ピーター・ターチン：**（1957～）コネチカット州立大学教授。学内では生態学・進化生物学・人類学・数学科で主に活動。クリオダイナミクス（歴史動力学）の名称で知られる、生態学・生物学に基づいた歴史研究分野の創始者。著書に『国家興亡の方程式　歴史に対する数学的アプローチ』（邦訳版はディスカヴァー・トゥエンティワン、2015年）、『エリート過剰生産が国家を滅ぼす』（邦訳版は早川書房、2024年）。

＊4 **フランシス・ベーコン：**（1561～1626）イギリスの哲学者。観察・実験に基づく帰納法を主張して近代科学の方法を確立。著書に実践哲学を説いた「随筆集」やユートピア物語「ニューアトランティス」など。「知は力なり」との言葉で人間の知性の優位を説いた。

体験格差の時代

タクシーで送迎され習い事に通う子どもたち

校門からタクシーで水泳教室へ――。小学生の習い事が熱を帯びている。幼少期からの教育を重視する志向の高まりと共働き世帯の増加で、親に代わり送迎を担う民間サービスが広がり始めた。家庭が支出する教育費は膨らみ続ける方向にあり、進学格差の拡大を懸念する声も根強い。子どもたちが忙しく動く令和の放課後を追った。

7月中旬の夕方、横浜市立黒須田小学校（横浜市青葉区）前にタクシーが滑り込んできた。運転手は学童保育から1年生2人を車内へ誘導し出発。近くの住宅でもう1人乗せ、約10分後に水泳教室に着いた。児童らは運転手に促されプールへと歩いて行く。

児童らが使ったタクシーはスタートアップのｈａｂ（横浜市）が４月から提供している相乗りの送迎サービス。利用料は習い事の教室側が親から徴収するなどして支払う。

（日本経済新聞『小１習い事　送迎はタクシー　教育熱高まる令和の放課後』２０２４年７月26日より引用　＊１）

近頃の子どもたちは、本当に忙しい。

放課後といえば、ランドセルを家に投げ捨てて（なんならランドセルを家に一旦置きに帰る時間すら惜しんで）公園や街に繰り出す子どもにとっての至福の時間――だったのは遠い過去の話で、いまの時代を生きる子どもたちにとっての放課後はさながら「お勉強・後半の部」である。

塾があったり習い事があったりと、かれらの放課後は学校外の活動のスケジュールで埋め尽くされている。週５（場合によっては土日も含めた週７）でなんらかの習い事をしている子もめずらしくなくなった。友達と外で会ったりする時間がない子どもたちが大勢いるからこそ、ニンテンドースイッチでプレイできるゲーム『どうぶつの森』や『フォートナイト』がかれらにとってのコミュニケーションツールにもなった。

習い事をする場所に向かうための移動時間の効率化のためタクシーの送迎を利用しているというのは、いまの大人世代にとってはなにかの冗談のように思われるかもしれないが、とくにミドルクラス以上の家庭の子どもたちにとってはもはや当たり前の日常になりつつあるのだ。子どもたちが望んで習い事をしている側面はもちろんあるが、だれよりも子どもたちにそのようなライフスタイルを望んでいるのは親だ。

「体験投資」が人生を左右する時代

現代社会の親たちは、自分の子どもを「いい学校」に通わせるために教育投資を惜しまないのは言うまでもないが、それだけでなく、とにかく子どもに全体的な投・

資を惜しまなくなっている。

純粋なペーパーテストの学力を高めるための教育投資（塾・予備校・家庭教師など）は当然ながら、それに加えてアートとかダンスとか外国語とか、そういった文化的・教養的な投資にも大きなニーズが集まるようになっているのだ。かつてなら「教育ママ・教育パパ」と呼ばれていた層の人たちも、ただただ塾に行かせて勉強漬けにするのではなく、塾の次はバイオリン、その次はバレエ、その次はプログラミング、その次は英語や中国語、その次は空手……といった具合に、純粋な学力向上以外のための投資も行うようになった。

近年の子育て世帯の体験投資に対する大きなニーズの拡大は、この社会全体の「採用基準」の変化の写し鏡だ。

じつはいま、世の中では、人材の評価基準に静かなパラダイムシフトが起こっている。人材の評価基準として長年採用されていた、純粋な学力の高低を競い合わせるメリトクラシー的な方法論の信頼性や妥当性が少しずつ揺らいでいき、代わりにさまざまな知的・文化的・社会的体験に裏打ちされた豊かな教養や社会性や人間関係構築能力こそが重視されるようになり、ともすれば学力以上に注目されるようになった。

いわゆる一流大学・難関大学では、これまで「ＡＯ入試」といった特殊な入試形式でのみこうした「総合的な人間力」が評価基準として採用されていたが、これからはそうではなくなる。むしろ一般入試でこそそうしたステータスが重視されるようになるのだ。

筑波大の永田恭介学長は29日の定例記者会見で、入試の２次試験を面接と小論文中心に変える意向を示した。（中略）永田学長は「基本的な学力は共通テストで分かるので、さらに筆記試験をやっても仕方ない。個別試験を変えて、これまで見つけられていなかった才能を見つけたい」と変更の狙いを説明した。

（朝日新聞デジタル『筑波大学長、２次試験を「面接と小論文中心に」の意向　5年後めど』２０２3年6月30日より引用　＊２）

学力は共通テストで十分にわかるから、「学力試験」では見えない部分の優劣を測りたい――という教育機関の態度は、そっくりそのまま国や大企業のニーズに応える形で拡大している。語弊をおそれず身も蓋もない表現をすれば「お勉強ばかり得意で、社会性やコミュニケーション能力や知的好奇心や文化的素養に欠くような人間を育成・採用したくない」ということだ。

「学力という表面的な能力だけでなく、深みのある人間が欲しい」という評価基準のパラダイムシフトに、中流以上の人びとは敏感に気づいていて、だからこそ小学生ともすれば未就学児のころからほぼ毎日習い事に通わせるような体験投資を行い、自分の子どもを社会的にも文化的にも人間関係的にも深みのある人物にしようと躍起になっている。

格差拡大装置としての「体験」

経済的に余裕のある層が自分の子どもに毎日習い事や文化活動をさせる一方、貧困層は学校に行かせることで精いっぱいであるという体験の格差はおそらく昔からそれなりにあったのだろう。

貧乏な家の子が家でゴロゴロしているときに、富裕層の子は美術館に行ったり海外旅行に行ったりする——そうしたライフスタイルの違いはずっと昔から歴然と存在していた。しかしながら、もちろん優雅な暮らしをやっかむ気持ちが多少はあっただろうが、「そういうものだ」としてそこまで深刻な問題意識は持たれていなかっただろう。

……だが、これからは違う。

そうした豊かな体験の有無こそが人間の「価値」の多寡を決する重大な構成要素になっていく時代においては、それは単なる体験の格差ではなく「体験格差」という名前をつけられ、深刻な格差問題・社会的分断として可視化されていくことになる。

急激なＡＩ技術の進歩が人間の純粋な「学力」の価値を急速に陳腐化させている。これまでの時代は、貧しい家の子でも頑張って「学力」を高めさえすれば一流の大学に入れて「人生一発逆転」が狙えた。どれだけ文化的・教養的・人間関係的に乏しい環境に置かれていても、受験料4万円ほどを支払い、目の前に用意されたペーパーテストの一発勝負でいい点数さえ取れれば、社会経済階層をジャンプアップできるチャンスが与えられていたのだ。だがペーパーテスト一発勝負で好成績を収められるようなタイプの知的能力はＡＩが急速に代替しつつあり、その価値は小さくなっている。事実、ＡＩはいまの水準でも大半の子どもたちよりテストの点数で優秀だし、議事録作成やグラフ作成といった知的処理能力ではもはや人間は太刀打ちできなくなってきている。

逆に貧しい家の子どもではどうしたってカバーしようがない「豊かな経験」は、ＡＩにとってもそうだ。実物的な身体を持たず感受性のないＡＩにとっては代替しようがないある種の聖域として残り続ける。これまでの社会的・文化的・人間関係的な豊かさを裏づけるエピソードを問う面接やエッセイを課せられてしまえば、貧困層にとっては一巻の終わりだ。

どうあがいても、ＡＩによる人間の知的能力の陳腐化の流れはますます加速していくことは避けられない。中流以上の家庭はいままさに時代が大きく変化しようとしている空気感をさすがによく気づいていて、総合的な「人間力」こそがこれからの子どもたちが大人になった時代の人材価値の中心になることを理解している。だからこそ、タクシーに乗せてでもとにかく体験投資を惜しまない。

いま世の中で盛り上がっている体験投資とはつまり「ＡＩ時代に取り残されない人間になるための投資」なのである。

「体験投資レース」が少子化を加速させる

おそらく今後ますます苛烈化する体験投資のブームは、若い世代にとってさらなる少子化圧にもなってしまう。子どもを持つことの経済的・心理的ハードルを爆発的に高めてしまうからだ。

それこそ週5〜7日の習い事をぎっしりと詰め込み、体験投資を充実させるには、低く見積もっても月に10万円近い追加費用が発生することになる。これに耐えられる家庭というのはさすがに限られてくる。しかもそれはこれからの時代には「十分条件」ではなく「必要条件」になる。子どもがフィルタリングされる要件がまさにそのような体験投資の多寡になるからだ。

社会がＡＩ時代に設定するフィルタを突破できそうもない経済状況の人びとは子どもを持つことをためらい、諦めるようになる。あるいは、体験投資を子どもに施してやれるくらいの余力を持っているような層の人びとでも、だからといって「体験を十分にさせてあげられるような人間でなければ子どもを持つ資格などない」という世の中の倫理的ハードルの青天井の高まりに自分たちが十分に応えられる自信がなく、子どもを持つことに強いリスクを感じるようにもなる。

私たちが善かれと思いながらやっている教育投資チキンレースは、もはや「教育」の枠を超えて、全人格的な投資へとその戦線を拡大している。広がりすぎた戦線を支えるような経済的余力と精神的余力を持つ人は限られてくる。ごく一部の富裕層だけが子どもを積極的につくり、それ以下の層はじわじわと子どもをつくらなくなっていく、そういう社会構造に変化していく。というかもうすでにそのような兆しは見えている。

貧困層にとってはいうまでもなく、いまは嬉々として体験投資にリソースをつぎ込む中流以上の層にとっても、終わりのない競争にいつか疲れ果て、「これならただペーパーテスト一発勝負で好成績を収める能力が基準だったころのほうがマシだった」と懐かしく振り返る日がそう遠からずやってくるだろう。

脚注

＊1　https://www.nikkei.com/telling/DGXZTS00011560U4A720C2000000/

＊2　https://digital.asahi.com/articles/ASR6Z6KH6R6ZUJHB00D.html

運賃 100円

第4章　未来という名の侵入者

ある町の悲鳴
資本主義の終わりの姿が私たちにも見えてきた
昭和99年の東京

ある町の悲鳴

「都会風を吹かさないで」

北陸のある小さな町。

おそらくその名前をほとんどの人が聞いたことがなかったであろうその町はある日、メディアがこぞって報道する、波紋の中心部となっていた。

その町は福井県にある池田町という町だった。

人口２３００人ほどの小さな町の広報誌に掲載された、同町への移住を志している人に向けて書かれた「心得」が大きなセンセーションを巻き起こしたのだ。

移住・定住政策に力を入れている福井県池田町で、区長会の提言として移住者の心得を説いた「池田暮らしの七か条」が広報誌に掲載され、町民の間に波紋が広がっている。「都会風を吹かさないよう心掛けて」「品定めがなされていることを自覚して」などの文言が並び、福井新聞の調査報道「ふくい特報班」（通称・ふく特）には「高圧的」「移住の選択肢から外されてしまう」と反発する声が寄せられた。

町が1月中旬に発行した「広報いけだ1月号」に掲載された。区長を通じ約900世帯に配られたほか、町ホームページにも掲載されている。

「池田町の風土や人々に好感を持って移り住んでくれる方々のための心得」と前置きし、地域行事への参加などを促している。第4条では「今までの自己価値観を押しつけないこと」とし「都会風を吹かさないよう心掛けてください」。第5条には「品定めがなされていることを自覚してください」などと記してある。

（福井新聞『移住者は「都会風吹かさないで」……福井県池田町の広報誌に載った〝七か条〟に住民反発、考えた区長会の思いとは』2023年2月9日より引用　＊1）

町によって作成され「池田暮らしの七か条」と題されたそれは、「都会風を吹かさないように」「品定めされることを自覚せよ」といった記述があり、これが内外で大きな批判を受けてしまうこととなった。広報誌に掲載された七か条は以下のとおりである。

第1条 集落の一員であること、池田町民であることを自覚してください。
第2条 参加、出役を求められる地域行事の多さとともに、都市にはなかった面倒さの存在を自覚し協力してください。
第3条 集落は小さな共同社会であり、支え合いの多くの習慣があることを理解してください。
第4条 今までの自己価値観を押し付けないこと。また都会暮らしを地域に押し付けないよう心掛けてください。
第5条 プライバシーが無いと感じるお節介があること、また多くの人々の注目と品定めがなされていることを自覚してください。
第6条 集落や地域においての、濃い人間関係を積極的に楽しむ姿勢を持ってください。

第7条　時として自然は脅威となることを自覚してください。特に大雪は暮らしに多大な影響を与えることから、ご近所の助け合いを心掛けてください。

（福井県池田町『広報いけだ　2023年1月号』より引用　＊2）

この記述に対して世間やネットでは猛反発が起きた。

池田町の掲げた「心得」に対して、人びとは厳しいまなざしを向けていた。「田舎の闇」「自分が地元から離れて東京に出てきた理由が凝縮されている」「絶対に田舎で暮らしたくない」「地方は衰退するべくして衰退している」といった辛辣な意見も並んでいた。なお町側は批判の声は承知しつつも、この広報誌や文書を取り消すことはしなかった。

集落からあがる悲鳴

外部の人が見れば、ともすれば「ムラ社会」的な息苦しさを感じさせてしまうかもしれない文章を、それでもあえて町が出したのはなぜだろうか。

過去の移住事業のなかで町にやってきた特定の移住者が重大なトラブルを起こしたことによって、町民から苦情の声があがっていたから——というわけではないだろう。この町で暮らす高齢者たちの危機感が無視できないスケールで大きくなって、とうとう「本音」を書かずにはいられなくなったというのがおそらく実情に近いはずだ。

もともと町に居た人びとは、とくに若年層を中心としてどんどん去っていった。その代わりに外部から若い移住者がやってきたなら、人口の表面的な数値としては均衡できるかもしれないが、地元の人びとが愛してきた昔からのこの町らしさがじわりじわりと失われてしまう——そのような切迫感から「七か条」は生みだされたのだ。

ある自治体の高齢化率が一定割合を超えると、その町に残った少ない若年層にコミュニティのインフラや文化の維持のためのコスト負担がより重くのしかかる。それがますます若年層離れを加速させるという悪循環が発生してしまう。

かといって中央（東京）から与えられる地方交付税交付金を利用して移住を推進して若い移住者を募ったとしても、かれらは往々にして地域の共同作業に加わろうとしないばかりか「それって非効率じゃないですか？」「それって無駄じゃないですか？」「この際なくしてしまった方がいいのでは？」などと否定してかかり、ろくに言うことを聞かないこともままある。

都会に若者が吸い上げられ、吸い上げられた若者の代わりに地方交付税交付金が還付される。還付された地方交付税交付金を元手に地元の自治体や町おこしグループが移住推進事業（広報活動、子育て支援、住居提供、税制優遇等）を展開して移住者を毎年安定的に供給する――このサイクルがうまく循環しているかぎり人口的には滅亡をどうにか避けられるかもしれない。しかし都会からの移住者がやってくるたびに文字どおり「都会風」が吹いて、その町の石碑に刻まれた歴史や文化や慣習や道徳や秩序や作法が侵食されて消えていくとしたらどうだろうか。こうしたジレンマ的な構造は池田町にかぎらず、全国各地の小規模自治体で起こっている。

若年人口の減少を埋め合わせる都会からの若い移住者は大歓迎だが、しかし自分たちの守ってきた共同体の文化や価値観は侵さないでほしい――それが紛れもない本音であり、それを赤裸々に綴ったのが「七か条」であった。これは世間の人びとがいうような「田舎の陰湿さの発露」ではなく、ほとんど「悲鳴」に近いものだと見るべきだろう。

「人生100年時代」の毒

しかしながら、このような小さな村落共同体からあがる「悲鳴」に同情を寄せるばかりではなく、その対岸の景色も知っておかなければならないだろう。

地方の小規模な村落共同体で生まれた若者たちにとって、少子化と高齢化が加速する故郷の閉塞感や抑圧感は筆舌に尽くしがたいものだ。

日本人の平均寿命が飛躍的に伸びたことで、世のあらゆる共同体や組織における年長世代が物理的にも社会的にも退場せずに一定のポジションに留まるようになった。他方で、ただでさえ数が少なくなった自分たち若者世代は、いつまで経ってもその共同体や組織の主役になれるような実感や期待感が持てないまま時間を過ごさなければならなくなった。

ひと昔前のように、お年寄りがほどなくして世を去っていくいわゆる多産多死の社会モデルであれば、幸運にも長生きすることができた数少ない長老たちへの「敬老」の精神にも、後進の若い衆はそれなりに意味合いを感じることができたかもしれない。だが現在は老人が簡単に世を去るような時代ではない。高度な医療や衛生環境が提供され、また栄養面でも比較にならないほど改善した。結果として人は健康になり、いつまでも元気なまま長生きできるようになった。高齢者がいつまでも元気で長生き——それは喜ばしいことである反面、かつてと同じように「敬老」の心を持とうにも、若者たちにとって慈しみ助けなければならない高齢者の絶対数が増えすぎてしまう側面もあった。

若者の視点からすれば、待てど暮らせど自分の上にいる年長世代は元気なままで、自分たちは「上」がつっかえたままひたすら雑務をこなし、あるいは医療や介護のリソース負担ばかり求められるようになった。これに閉塞感を感じても無理はないだろう。

「私たちは個である前に群である」ことを旨とする共同体主義的な規範は、高齢者がこれほど死ににくく人間関係の流動性が損なわれてしまった時代においては、若者にとって搾取以外のなにものでもなくなってしまった。

上の世代がすぐ退場してくれる時代に成立した規範だったからこそ、人びとは「個である前に群」として生きることができた。しかし上の世代がいつまでも退場せず、いつまでも元気で現役生活を送り、先細る若年層がかれらを支え続ける構造のなかでは、この規範は「毒」になってしまった。小さなコミュニティほどその性質は顕著になった。

そんな暮らしに悶々としているときにふと横目に見ると、いつ終わるとも知れない年寄りの世話をする義務も求められず、自分と同じくらいの若い世代がのびのびと活躍できる大都会へのアクセス手段が用意されているとしたら——それを選ばない理由がないだろう。いまの時代には、その気になれば新幹線に飛び乗ってしまえば、すぐにそんな世界から離れられてしまう。村落共同体は社会の発展にともなう移動の自由の拡大にきわめて脆弱《ぜいじゃく》だった。

「悲鳴をあげる高齢者」と「閉塞感と抑圧感によって打ちのめされる若者」の対立的な構図は、田舎の小規模な共同体に限定された光景としてとどまるわけではない。未曽有の少子高齢化が進行する日本がこれから全社会的に直面していく。

ぶつかり合い、すれちがう想い

池田町は最初から「こんな人は歓迎していない」「都会者の〝啓蒙〟を受けるつもりはない」と宣言している分だけむしろ良心的で、都市部からの移住希望者も「こんなはずじゃなかった」とならずに済むだろう。

池田町が「七か条」を批判覚悟で書いたのは、かりに自分たちのコミュニティが人口的には（移住者によって）なんとか保てたとしても、歴史的・文化的・価値的コンテクストはそのたびにどんどん薄れてしまい、もはや中長期的には存続不可能になってしまうのを恐れてのことだ。

一方で、「高齢者が死なない時代」において小規模な村落共同体に暮らす若者たちの閉塞感はすさまじいもので、「個である前に群である」「敬老の精神」といった、いまよりずっと高齢者が死にやすく子どもの数も多かった、つまり世代交代が活発だった時代につくられた規範が裏返って「搾取の論理」として重くのしかかるようになってしまった。

世代的な新陳代謝の起こらない時代の共同体主義は、かつてあった優位性の大部分を失い、そこで鬱々とした日々を暮らす若者たちにとっては、都会にある個人主義や自由主義の方が相対的にははるかにまぶしく魅力的に見えるようになった。

都会にばかり若い人口が流れ、地域社会を緩やかな滅びに向かわせていることは事実だが、かといって少子高齢化によって「毒」が強まりすぎた共同体に若者を呼び戻す道理も見当たらない――私たちはいま、そんなダブルバインドの中にいる。

脚注

＊1 https://www.fukuishimbun.co.jp/articles/-/1722329

＊2 https://www.town.ikeda.fukui.jp/pick/pickjukyo/p002780_d/fil/nanakajou.pdf

資本主義の終わりの姿が私たちにも見えてきた

すべては資本主義のために？

なぜ子供を持つ女性が働くようになったのか？

僕のこれまでの理解だと、女性の社会的地位の向上した結果、参政権が認められ、教育の機会が拡大し、ジェンダー平等や女性の権利に関する意識が高まった結果、就労の機会が与えられるようになり、今のように男女共に働くようになったと言われています。少なくとも、僕はそう信じてきました。

ところが、「国が税収を増やせるから」という説もあるんですね。以前は世界中どこでも男性と未婚女性しか賃金労働に従事していませんでした。つまり、所得税を払っていたのが、成人人口の半分程度だったのです。でも、既婚女性も賃金労働に従事するようになれば、政府の所得税収が倍になります。また、既婚女性が家事労働を外注化すれば、企業も儲かります。

というわけで、資本家と政府にとっては、すごく魅力的なオプションだったはずです。これ、まさかとは思いつつも、なんか妙に説得力がある説ではありませんか？

一方、政府と資本家以外は、全員が割りを食いました。

女性はフルタイム労働＋育児で仕事が増え、男性もフルタイム労働＋育児が当然視されて仕事が増えました。子供は1日に大半の時間預けられて、一番割りを食いました。穏やかな家族の時間も消えてなくなりました。また、保育の外注化に伴い、育児コストが爆上がりしました。少子化がガンガン進みました。

コンビニや深夜スーパーや24ｈのファミレスで年配の女性が働くようになったのも、女性が男性同様に働くようになった結果です。おまけに、少子化が進んだために労働者が足りなくなり、外国人労働者を大量に入れ、その結果、未成年の女性がレイプされ、それなのに犯人が国外退去にもならない。それが男女平等に働く社会の答え合わせです。

ご覧の通り、政府と資本家以外は誰も得していないのです。
（まつひろのメルマガ『資本主義って結局誰得なの？』2024年4月6日より引用　＊1）

これはシリコンバレー在住の実業家であり文筆家である松井博さん（＊2）が見た「資本主義修羅の国」アメリカの現状だ。

松井さんが述べるように「資本主義の修羅の国」であるアメリカでは、子どもの出産や子育てによって生じる費用が日本とは比較にならないほどの規模になっている。

たとえばアメリカでの保育園の保育料は日本の平均の5倍近く（日本円換算で18万〜20万円）で、ベビーシッターの利用料は月額で50万円近い。もちろん高物価の地域ではそれ以上にかかることは言うまでもない。いくらアメリカが日本よりも所得水準が高いとはいえ、子育てのアウトソーシングにかかわるコストがここまで大きいと、平均的なアメリカ人家族にはけっして軽くない負担となってしまう。

よってアメリカ人の女性は産んでもすぐに職場復帰する。日本のように悠長に育児休暇を取るということはまずありえない。育休に相当する休みは取得しようと思えばできるが、育休期間はそもそも無給であり、かりに半年や1年も長期で席をあけてしまえば、オフィスにあったはずの自分の席には別の人が座ってしまうことになる。そのため、日本のように悠々と女性が休むことは基本的にない。

これは労働者にとってはなかなか大変なことだが、子どもを産んでも早々に職場復帰してくれるような状況は、政府や企業の立場からすればどうだろうか？　税収や生産性の面では都合がよかったに違いない。税収が増えるし、保育士やシッターの所得は上がるし、企業の業績もよくなる。いいことずくめだ。

このように、個人のありとあらゆる営為や行動が資本主義の論理によって強固に支配され最適化されていく——問答無用の資本主義原理主義こそがアメリカの「経済大国（強さ）」を下支えしてきた側面は否定しえない。

資本主義と個人最適化のパラドックス

しかし、個人の行動や生活様式を経済的便益の最大化にとことんまで最適化する資本主義のルールには、ひとつの大きなパラドックスがあった。

そのパラドックスとはすなわち、子どもを持つことそれ自体が家計上の多大な損失とキャリア上のリスクになってしまうため、高度な資本主義のルール下におかれた人びとには「産まない」が合理的な選択肢になってしまうことだ。

経済的合理性のレイヤーで見れば、ある個人が「産む」ことで得をするのは、先述したとおり保育園やベビーシッター、あるいは将来の税の担い手／将来の購買層が見込める政府や企業であって、産んだ当人にとってはキャリア的にも生活費的にもむしろ損が大きい。そうなると、国や社会が敷く資本主義ルールに生きる個人がリスクを最小にしてリターンを最大化しようとすれば、「産まない」のが最適解ということになる。

夫婦が産まずに二馬力で働き続ければ、保育園やシッターに高額なカネを取られることもないし、企業から給料を減らされたりクビにされたりすることもないし、少なくとも資本主義のルールで暮らす人間としてはメリットがあまりに大きいのだ。むろん「産まない」という戦略自体にはデメリットがあるにはある。ただしそれは資本主義のルールの外側の問題だ。つまり個人の気持ち的な側面「さみしい（生きがいの喪失）」という感覚である。

余談だが、リベラリズムがさかんに「リプロダクティブライツ」を社会に求めはじめた背景には、資本主義下において「産むこと」がこれまで述べてきたように非合理的でコスパの悪い行為となってしまっていたことも無関係ではないだろう。よ うは「自分だけは資本主義ルールに最適化する形で得したい（＝自分の稼ぎやキャリアは最大化しながら、将来の社会福祉や税収といったマクロで生じる不整合性の問題は他人の子どもにその責任を丸投げしたい）」という利己主義的ポジションに、周囲からの倫理的非難を回避しながらスムーズに移行する口実として、「産まない自由・産まない権利」といった道徳的タームを援用するのは理にかなっていたということだ。

女性をしばしば安価な労働力として市場に供給できるから資本主義（資本家）にとってリベラリズムやフェミニズムは都合がよく、産まないという利己主義的選択を正当化してくれるから資本主義はリベラリズムやフェミニズムにとって都合がよかった。両者は相互依存的な共犯関係によって結ばれていた。

安価な労働力をもっともらしい言葉で市場に供給してくれるリベラリズムと、強欲な利己主義をさも経済的合理性を優先した賢明な選択であるかのように演出してくれる資本主義は、お互いにとって都合のよい形で社会的文脈をアレンジしてくれるからこそ（本当は相容れない部分を内包していたにもかかわらず）あたかもワンセットであるかのように先進各国で推進されていった。

資本主義の副産物としての少子化

しかし、資本主義のルールにおいて労働者がみな最適戦略として「産まない」を選んでしまうと、それはそれで別の問題を生じさせてしまうことになる。少子化である。

資本主義のルールに高度に最適化した人びとが、「産まない」という合理的戦略によって高い労働生産性を出してくれる代わりに人口再生産性を棄損していけば、たしかに政府や企業は「いまこの瞬間」の税収や業績を最大化することにはつながるかもしれないが、しかし「資本主義社会」それ自体の持続可能性が損なわれていくことになる。その「資本主義社会」で暮らすプレイヤーの総人口は「産まない」という合理的戦略を取る人の増加にともない、じわじわと減少していくことになるからだ。

これは本末転倒だ。資本主義も他の政治思想と同様に、人があってはじめてその実質性が担保される。地球上から人類が一掃されたあとの世界で「資本主義」だけが残り続けるということは、ロボットが人間を駆逐するSF小説の世界でもないかぎりありえない。資本主義を基本的な社会経済のルールとして採用する国であっても、そのルール下では個人にとって合理的戦略だからといって「産まない」をだれもが選ぶような状況は抑制する動機が生まれる。

国としても将来の税収はもちろん、国としての実質性が失われてしまうことは歓迎できない事態であるため、資本主義を採用する国の政府は「バリバリ働くことはすばらしいが、それはそれとして産むのはもっと大切だ」と奨励してきた。日本だってそうだ。

政府は「子を持たないことは身勝手な行為である」という規範を社会に広めるように心を砕き、あるいは実際に「産まない」選択を取ることが「産む」選択を取ることよりもトータルで損をするような、つまり「産まないペナルティ」を与えるような方向に調整する圧力をかける政策に舵を切りつつある。

移民政策は焼け石に水

「資本主義は、そのルールで個人がもっとも効率的にふるまうなら『産まない』が最適戦略になるが、しかしだれもが『産まない』という最適戦略を選ぶと全体が維持不可能になる」という致命的なパラドックスをまるごと解決……とまではいわないまでも、問題が噴出するのを先送りにするために、資本主義・自由主義を擁する先進各国で採用されてきたのが移民だった。

資本主義のルールに最適化して「産まなく」なった自国民の代わりに、資本主義のルールにまだそこまで最適化していない人びとを比較的多く抱えて余らせている国（発展途上国や難民流出国）から人を集めてくるようにしたのだ。

西欧各国の移民政策は、資本主義・自由主義の副作用である「産まない」を穴埋めするために進められてきた。とりあえずはうまく行ったように見えたが、しかしそれも根本的な解決にはならなかった。移民してきた人びとも二世や三世にもなると、かれらもまた資本主義のルールに最適化した生存戦略をとり、いうなれば資本主義人としての性質を強く持つようになり、思ったほど出生率に寄与してくれなくなったからだ。

しかも問題はそれだけではない。そもそも先進各国に移民を送り届けてくれる国もなくなりつつある。

グローバル資本主義経済をけん引しているのは言うまでもなく資本主義の先進各国であるが、途上国からの移民によって人口再生産性の問題を穴埋めしていたかれらは、皮肉なことに自分たちが世界中に推進してきたグローバル資本主義によって途上国の人びとまでもを「産まないのが合理的」というマインドセットに変えてしまい、人口再生産性の穴埋め役が地球のどこを探しても見当たらない状況にじわじわと近づきつつある。

西欧だけでなく日本にとってもそうだ。これまでの日本にとって「資本主義ルールの副作用として生じる人口再生産性の穴埋め役」だったのは主として東南アジアだったが、しかし日本の頼みの綱であった東南アジア各国もグローバル資本主義の戦列に続々と加わり目覚ましい経済成長を遂げるようになって、次第にその国の人びとも資本主義人らしいふるまいをするようになっている。つまり子どもをつくらなくなっている。

いまも日本人からは「子だくさん」のイメージをやんわり持たれがちな国であるベトナムやタイはもう日本の出生率とそれほど大差なくなっていることは意外と知られていない。フィリピンもとうとう2022年には出生率が2を割り込んだ（＊3）。

「資本主義のせいで『産まない』人が増えたなら、いまだ資本主義に染まっていない多産文化の国々から人をもらってくればいいじゃない」という戦略は、資本主義ルールの軍門にくだっていない国がなくなり次第破綻するという致命的な問題があった。そして実際にその破綻が近づいている。たくさんの人間を送り届けてくれた国々も、先進国のような「豊かさ」を目指して資本主義のルールに準じる国民性に変わりつつあるからだ。

先進国は本当に賢いのか？

なお、韓国も2021年から人口減少フェーズに入りましたが、出生率がわずか0・72と信じられないほど低く、おまけに高齢化率も2045年には日本を抜いて世界1位になる見通しです。人口も、2072年には現在の約30％減の3622万人になる見通しなので、日本より先にクラッシュする可能性さえあります。でも、2031年には一人当たりのGDPが日本を抜くらしいのです。おめでとう韓国！

でも、どんなにGDPが伸びても、それで国が滅びたら意味なくないですか？

このGDP伸ばしゲーム、本当に誰得なんでしょうね？僕にはよくわかりません。
（まつひろのメルマガ『資本主義って結局誰得なの？』2024年4月6日より引用）

資本主義は、個人を生産性や経済合理性のルールによって強烈に支配してしまう性質を持っているがゆえに、経済的なコストパフォーマンスを考えた場合「産まない」が最適戦略になってしまう。しかしその最適戦略を全員がとれば当然ながら国や社会が立ち行かなくなる。よって国はどうにか「産む人間こそが偉いのだ」と規範を強めたりしていたが、思ったより効果が上がらず、移民に頼っていた。しかしその頼みの移民たちの国でも、先進各国が推進してきた「グローバル資本主義」の波が到達し、かれらも経済発展のなかで「資本主義人」として成長し、資本主義のルールに最適化されたふるまい、つまり「産まない」をやるようになってしまった。これが2024年現在の状況である。

ここまでの話を聞いて「もはや解決策がなく、詰んでしまっているのでは？」と思われたかもしれない。私もそう思う。詰んでいるのではないかと。

少なくとも「いまのままの政治経済システム」を維持することを目的とするのであれば打つ手なし、詰んでいるといえる。世界中の国々が資本主義ルールのプレイヤーになれば、いったいだれが「コストパフォーマンスで最適化した資本主義人の代わりに産む」という役割をやってくれるのだろうか？

いまグローバル資本主義ルールの勝者たる国で豊かな暮らしを享受する人びとは、たしかに「いまこの瞬間」だけを切り取っていえば賢くて優秀だといえるかもしれない。しかし１００年、５００年、いや１０００年といった壮大かつ遠大なスパンで考えればどうだろうか？　その評価は正反対になる。かれらは自分たちの共同体や子々孫々の存続可能性を代償にして、自分たちの生きている間だけの華やかな繁栄を享受して滅び去る、種籾《たねもみ》食いの愚か者になる。

資本主義は、短期的にはもっとも賢明であるが、長期的にはもっとも愚劣である。

このパラドックスを克服した国はいまのところ存在しないし、パラドックスを克服する論理自体がそもそも未発見だ。しかしこれは私たちが生きている間に向き合わなければならない宿題である。

かつてマーク・フィッシャー（＊4）は「資本主義の終わりより、地球と自然の完膚なき破壊を想像する方が容易い。それは私たちの想像力のある種の弱さに由来する」と述べたが、私はもう彼の意見に同意できない。なぜなら、想像力のもっぱら弱い我々でも、資本主義の終焉の姿を少しずつ想像できるようになってきたからだ。

私たちは、資本主義ルールでもっとも得する戦略を選べるその賢明さゆえに滅びる。

脚注

＊1　https://note.com/matsuhiro/n/nee7fbbcfc37c

＊2　**松井博**：沖電気工業、アップルジャパンを経て、米国アップル本社に移籍。ｉＰｏｄやマッキントッシュなどの品質保証部のシニアマネジャーとして7年間勤務。２００９年に同社退職後、カリフォルニア州にて保育園を開業。15年フィリピン・セブ島にてBrighture English Academyを創設。著書に『日本人のための一発で通じる英語発音』（ダイヤモンド社、２０１９年）、『僕がアップルで学んだこと』（アスキー新書、２０１２年）、『企業が「帝国化」する』（同、２０１３年）など。

＊3　（ＪＥＴＲＯビジネス短信「合計特殊出生率が2・7から1・9へ大幅に低下（フィリピン）」より引用）　https://www.jetro.go.jp/biznews/2022/11/70ed3313ec07b566.html

＊4　**マーク・フィッシャー**：（１９６８～２０１７）イギリスの批評家。ウォーリック大学で博士号を取得した後、英国継続教育カレッジおよびゴールドスミス・カレッジ視覚文化学科で客員研究員・講師を務める。著書に『資本主義リアリズム』（邦訳版は堀之内出版、２０１８年）、『ポスト資本主義の欲望』（同・左右社、２０２２年）ほか。

昭和99年の東京

どこよりも「遅れた」街

東京は、新しいものが集まる。
東京は、最先端の流行の発信拠点となる。
東京は、つねに都市が再開発されて新陳代謝する。
東京は、次世代のカルチャーが生み出される。
東京は、画期的でカッコイイものが次々と街中に現れる。
東京は、日本でもっともフレッシュで未来的な街だ。

——と、世の中のだれもが言う。

……だが、本当はそうではない。

東京は日本のどこよりも遅れた街だ。

その理由は明白だ。東京だけが、この国でただひとつ、「昭和」の続きをやれている街だからだ。

東京とは対照的に、遅れているとかすたれているとか時代に取り残されているとか洗練されていないとか古臭いなどと言われてしまいがちな田舎ほど、じつは日本のなかでは進んでいて、この国の人びとがやがて見る「未来」を先取りしている。

高齢化率が著しく人口が減少し、地域の産業も雇用も失われ、国からの交付金によってどうにかその地に残った高齢者の福祉を成り立たせている——そんな地域こそが、日本全体がやがて直面するであろう「未来」をどこよりも早く先取りしている。いうなれば最先端なのである。

東京をはじめとする各大都市は、その人口規模と経済力によって、そのような「未来」の波が押し寄せてくるのを先送りにしているだけだ。

全国各地の主要都市があの手この手で若者を他の地域から流入させようとしたり、あるいは他の地域へと流出させまいと血道を上げている。そうすることで自分たちの暮らす街が「未来」に向かって進む速度を少しでも遅くできるからにほかならない。若者がその地に多くとどまり、人口再生産性を担保し、地域の社会経済を循環させ、福祉のためのリソースやマンパワーを供与する、そうしたサーキュレーションが成立しなければ、その町はまるで血管が詰まるように、細胞がちぎれるように、ゆっくりと老いて崩れていく。

東京という街は、他の地域から猛烈な勢いで若者を吸い取り、地方の「未来化」を急激に加速させる代わりに、自分たちは「未来」に向かう速度を遅らせ、ゆっくりと昭和の名残りを楽しんでいる。

だから東京は、日本のどこよりも遅れた街なのだ。

手厚い経済に守られる「昭和」の面影

地方から東京にやってきた人がとくに驚くことはなにか？

強いてひとつ挙げるとすれば、それは「個人商店の多さ」だ。

地方ではとっくの昔に一掃されてしまった、専門的な品物を扱う個人商店とそれらが集まって構成されるいわゆる「商店街」が、東京にはまだ数多く残されている。それはまさしく昭和の風景であり、その風景を残せるのは東京がまだ「未来」の侵入に必死に抗うだけの力をいくらか残しているからである。

左ページの写真に写っているのは東京都江東区大島にある「サンロード中の橋」という商店街だ。江東区の東部エリアでもっとも活気のある商店街であり、毎日多

東京都江東区の「サンロード中の橋」。（写真提供・筆者）

くの買い物客でにぎわっている。八百屋・洋服店・雑貨屋・肉屋・魚屋・総菜屋・豆腐屋など、昭和の時代の商店街にあった個人商店は一通りそろっている。

「さァさァー！　安いよ安いよーいらっしゃ～い！」

通りを歩けば、八百屋から年配女性店主のしわがれた声が聞こえる。それこそひと昔前のテレビドラマでしかお目にかかれないべたな掛け声だ。近辺に大型スーパーやショッピングモールがないわけではないのだが、しかしここで買い物をする人は後を絶たない。

こちら（左写真）は東京都台東区台東にある「佐竹商店街」だ。

日本で2番目に古い商店街で、このような「商店街」としての形式をとるようになってから120年以上の歴史を持っているという。飲食店や雑貨屋や肉屋などが並び、また使われなくなったテナントには若い人が新たに店を構えるなど、新陳代

東京都台東区の「佐竹商店街」。（写真提供・筆者）

謝も活発に起き、往来は活発である。

台東区は佐竹商店街にかぎらず、グローバル資本主義からは隔絶された下町情緒あふれる個人商店を区内に数えきれないほど残している。地方ではまず間違いなく生き残れない、巨大企業によって軽く蹴散らされてしまうような規模の店でも、のんびりと商売をやれてしまっている。それは台東区が「千代田区や文京区や中央区に隣接した都心部である」という圧倒的な〝防壁〟によって「未来」の侵食から守られ、ゆっくりと昭和の名残りをその風景に宿すことができているからだ。

大阪や京都にも活気のある商店街は残されているようにも見える。しかしそれは商店街の形式をとりつつも外国人観光客（外貨）の流入を前提とした商業施設というべきもので、実質的には「昭和」ではなく「令和」の産物である。グローバル経済の恩恵を受けられないエリアでは、東京のようには個人商店とその集積地は存続できず、その悉《ことごと》くが消え去っている。

だが東京だって「未来」がやってくるのをどうにか遅らせ、先送りにしているだけであって、「未来」自体を逆行させることはできていない。たとえば先述した佐竹商店街であっても、正真正銘の昭和時代（昭和50年頃）には頻繁にイベントが催され、現在とは比較にならないほど、それこそすし詰め状態と呼べるほどの人出があったことが映像資料にも記録されている。いまではそのような姿を想像することは難しい。中の橋サンロードも、ところどころでは店が取り壊されて空き地になり、そこにマンションや戸建て住宅が建てられたりしている。

過去の資料と比較してみてみれば、東京もあくまで日本で最も「昭和」の痕跡をほかよりも濃く残しているだけで、実際には少しずつ「未来」がやってきているのがわかる。

「未来」から逃げる若者たち

新しいものが生まれ、流行が次々とつくられ、街がどんどん再開発され、次世代によって斬新なカルチャーが芽生え、洗練されたカッコよさをだれもが追求していく——思い出してほしい、それは「東京」だけの専売特許ではなかったはずだ。

そう、昭和の時代には、日本そのものがそうだったのだ。

程度の差こそあれ昭和の時代の日本は、世の中全体がそういう雰囲気に包まれていた。

しかし現在に至って、新しいものも、若者の流行も、再開発された街も、次世代のカルチャーも、それらは「日本」が広く共有するものではなく、「東京」だけが独占する象徴になってしまっている。それは東京が日本の最先端を走っているからではなく、「未来」からもっとも離れた最後尾を走っているからだ。

東京だけが日本で唯一、新しいモノや新しい人や新しい文化や新しい街や新しい価値を次々と創造したり消費したりする「昭和の時代の続き」を２０２４年現在もどうにかやれているからだ。

東京だけは令和６年ではなく、昭和99年なのである。

地方から若年人口の流出が止まらない。とくに田舎の若者たちがこぞって東京へと去っていく。その地で暮らす人からすれば由々しき事態かも知れない。なんとかそのような状況を食い止めようと、各自治体が頭を悩ませている。しかしながら、若者たちにだってやむにやまれぬ事情がある。若者たちが田舎を去ろうとしているのは、東京以外の地域を「未来」が加速度的に覆いつくそうとしているからだ。

かれらは「未来」の手から、なにがなんでも逃れようとしている。若者が暮らし向きを立てられる雇用もほとんどなく、地域を興すための産業も衰退してしまい、国からの交付金によって高齢者向けの福祉事業（医療・介護）だけが若者の働き口を提供し、その地の政治はいつだって年長者の代表が年長者のための暮らし向きを応援し、若い世代の意見は聞き入れられない——そんな閉塞感に覆われた世界が日本の「未来」だと信じたくないからだ。

いずれ東京も「未来都市」になる

東京という街は、日本中から消え去ろうとしている「過去」をいまも必死にその街々につなぎとめている。日本の経済やテクノロジーの最先端を行く先進都市・東京こそが、もっともレトロな街なのである。

だが、東京に「昭和」をつなぎとめるためのリソースを提供してくれていた地方が次々と「未来」に突入していけば、東京だっていつまでも安泰ではない。「未来」から逃げ続けることはできなくなっていく。結局それは、遅いか早いかの違いでしかない。

東京は「昭和」を色濃く残している過去の街だからこそ、いまも新しいものや流行やカルチャーやサービスや建物がつくられる。東京には最新設備を満載した豪華絢爛なビルが次々と建設されているが、この街をいくら眺めても、この国の本当の未来図は見えてこない。東京に本社を構える企業が提供する最先端のテクノロジーが描き出す近未来的な都市計画やイノベーションは、実際には少しも未来ではない。それはいうなれば過去の未来なのである。

子どもが消え、高齢化と人口減少が不可逆的に深刻化し、空き家や空き店舗が並び、鉄道路線は廃止され、バスも動かず、自治体の機能も最小限に縮小され、医療や介護のサービスだけがその町の雇用を生み出す——そういう地域こそが、この国の本当の未来の姿をリアルに描き出している。

18L
南改札
東改札

御田寺 圭

文筆家。会社員として働くかたわら、「テラケイ」「白饅頭」名義で広範な社会問題についての言論活動を行う。著書に『矛盾社会序説 その「自由」が世界を縛る』（イースト・プレス）、『ただしさに殺されないために　声なき者への社会論』（大和書房）がある。「現代ビジネス」「プレジデントオンライン」などにも寄稿多数。

◎ X　@terrakei07

◎ note　https://note.com/terrakei07/

フォールン・ブリッジ

橋渡し不可能な分断社会を生きるために

第1刷　2024年9月30日

著　者　**御田寺 圭**

発行者　**小宮英行**

発行所　**株式会社徳間書店**

〒141-8202 東京都品川区上大崎3-1-1 目黒セントラルスクエア
電話　（編集）03-5403-4350／（販売）049-293-5521
振替　00140-0-44392

印刷・製本　**三晃印刷株式会社**

ISBN978-4-19-865845-8